NOTES HISTORIQUES

SUR

LE PRIEURÉ CONVENTUEL

D'HÉAUVILLE A LA HAGUE

PAR

L'ABBÉ LOUIS COUPPEY

Curé de Chtemps (Manche)

ÉVREUX

IMPRIMERIE DE L'EURE

1900

NOTES HISTORIQUES

SUR

LE PRIEURÉ CONVENTUEL

D'HÉAUVILLE A LA HAGUE

PAR

L'ABBÉ LOUIS COUPPEY

Curé de Clitourps (Manche)

ÉVREUX

IMPRIMERIE DE L'EURE

—

1898

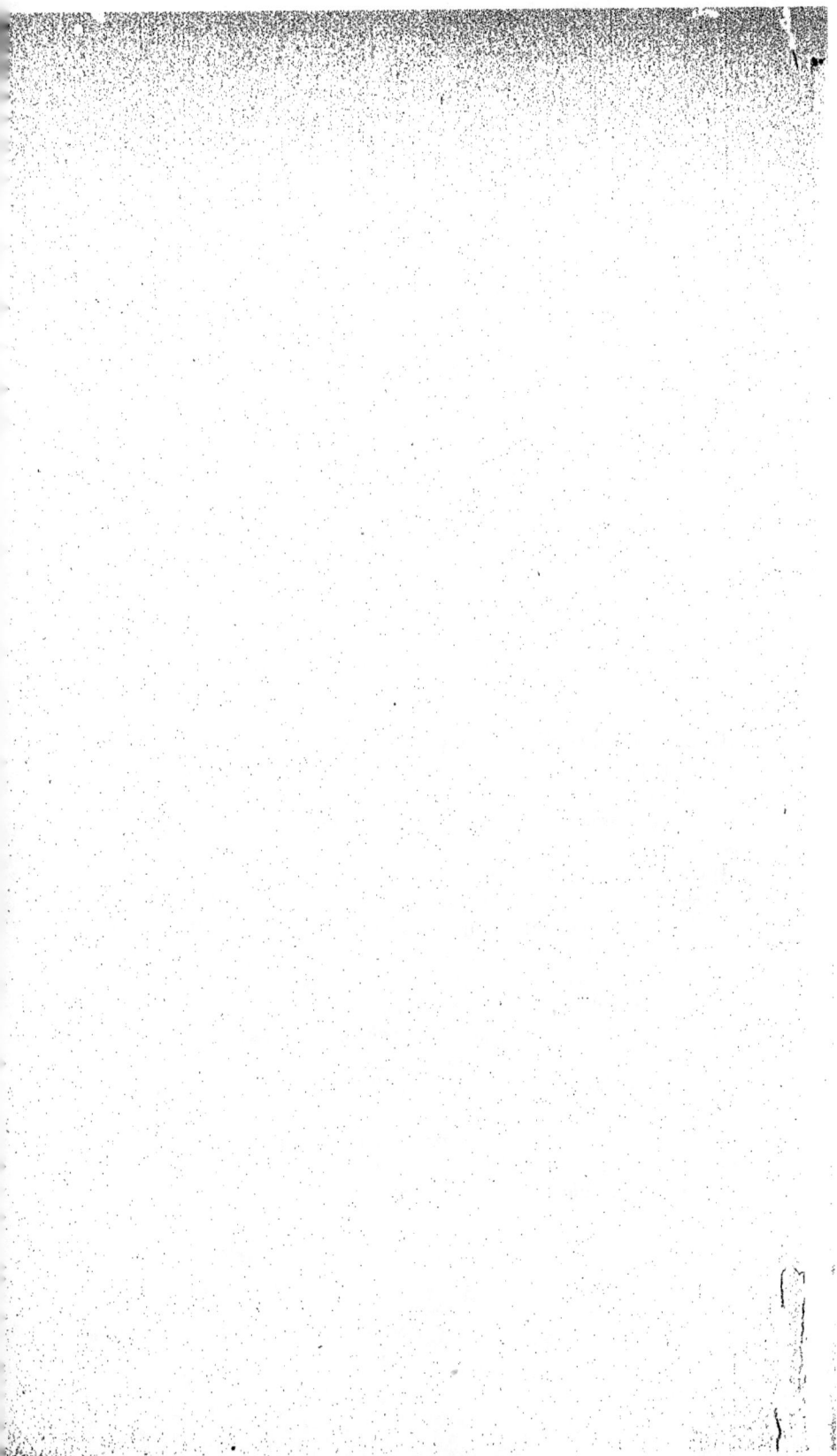

NOTES HISTORIQUES

SUR

LE PRIEURÉ CONVENTUEL

d'Héauville à la Hague

Comme l'indique son titre ce petit ouvrage n'est pas à proprement parler une histoire; ce sont des notes plus ou moins bien assemblées, que la façon dont elles sont présentées permettrait peut être plus exactement d'intituler : *Petit cartulaire du prieuré conventuel d'Héauville.*

Quoiqu'il en soit, Héauville est situé sur la Manche aux bords et presque à l'extrémité sud-est de cette magnifique baie de Vauville si pittoresquement dominée par une suite de collines dont les unes viennent comme sur Jobourg, Herqueville, Beaumont au nord-ouest et Flamanville au sud, se terminer brusquement à la mer, les autres comme à Vauville, Biville, Héauville, Siouville, un peu plus éloignées du rivage, en sont séparées par une lisière de fertiles prairies (Vauville, Siouville) ou des dunes sablonneuses (Vasteville, Biville, Héauville). En face au large on aperçoit Guernesey et Serq, un peu à droite Aurigny.

Héauville, fait actuellement partie du doyenné des Pieux; autrefois, comme Biville, il appartenait au doyenné de la Hague, tandis que Helleville a toujours dépendu des Pieux.

Nous diviserons cet opuscule en trois parties :

1° Fondation du prieuré et formation de son domaine;
2° Le prieuré sous les prieurs conventuels;
3° Le prieuré en commende.

PREMIÈRE PARTIE

FONDATION DU PRIEURÉ ET FORMATION DE SON DOMAINE

Le Cotentin n'avait nullement reconnu l'autorité nouvelle de Rollon, quand Charles le Simple lui eut cédé une partie de l'ancienne Neustrie par le traité de Saint-Clair-sur-Epte (911). Les chefs Danois établis en ces quartiers se regardaient comme les égaux du nouveau duc. Ils avaient été, ils furent peut-être ses auxiliaires, mais non ses sujets. Aussi quand Guillaume Longue Epée voulut faire acte du pouvoir que Raoul alors roi de France venait de lui donner (933) « sur la terre située aux rivages mari-« times des Bretons, *terram Brittonum in ora maritima sitam* (1) » c'est-à-dire le Cotentin et l'Avranchin, les Jarls scandinaves qui les habitaient refusèrent de se soumettre et à l'appel du comte (queens) Rioulf (2) marchèrent « contre celui qui voulait monter « sur ses voisins, *li kil le vist sor sis veisins mounter* » (3). Rioulf vaincu peut-être plus par la trahison que par la force disparut de la scène, mais les autres confédérés rentrèrent dans leurs posses- sions où Guillaume ne semble guère s'être occupé de les poursui- vre. Toutefois à partir de ce moment les grandes familles du Cotentin central et méridional paraissent reconnaître peu à peu la suzeraineté du fils de Rollon et prendre plus ou moins volon- tiers rang dans la hiérarchie féodale du nouveau duché.

Quant au nord du comté (la Hague et le Val de Saire), pendant de longues années encore, il resta le partage des guerriers danois.

(1) *Frodoardi chronic.*, ann. 933, publiée par Duchesne dans les *Historiens de France*, II, p. 660.
(2) *Queens fu de Cotentin entre Vire et la mer.* (Roman de Rou, t. I, p. 107.)
(3) *Roman de Rou*, I, p. 115.

Ils en faisaient une espèce de colonie militaire entretenue sans cesse par les allées et venues des chefs de bandes qui continuaient leurs courses sur les rivages de Bretagne, les côtes occidentales de la France, de l'Espagne et avant tout sur celles de l'Angleterre.

Cherbourg et ses environs servirent même de refuge à l'un des rois de Danemarck, Haigrol, Harold, Harald, ou Hérout (1) qui chassé, dit-on, par son fils Swein, vint vers 940 s'y établir avec soixante vaisseaux et de nombreux compagnons, à côté de Sedrich le Kenig des Danois de la Hague. De là souvent l'histoire nous les montre intervenant dans les affaires du duché (2), presque toujours par détachements; mais si survient un danger pressant pour les établissements normands comme en 945, nous voyons la colonie militaire tout entière se lever avec le Cotentin sous le commandement d'Harold, alors que, pendant la minorité de Richard I, l'œuvre de Rollon était menacée par le roi de France Louis d'Outremer et Hugues le Grand, qui furent vaincus à Varaville.

Après le départ d'Harold rétabli avec ou sans l'aide du duc de Normandie, après la conversion ou l'éloignement (963-964) des Danois, Richard I fit reconnaître comme comte de Mortain son second fils Mauger, sous le nom duquel il se mit peu à peu lui-même en possession d'un grand nombre de domaines devenus vacants et établit son autorité sur les autres; aussi voyons-nous son fils Richard II surnommé le Bon attribuer (997) (3) en dot à Judith (4) son épouse cent un domaines considérables, dont quelques-uns situés dans la Hague tels que Flamanville, Helleville, etc. et dans le Val de Saire, Le Vast, Théville, etc.

Judith étant morte en 1017 (5) Richard distribua à diverses abbayes une partie de la dot de cette duchesse.

Donation de Richard II. — Voici en quels termes il donna l'Héauville actuel, Helleville et Biville à Marmoutier :

« *In nomine sancte et indiridue trinitatis patris et filii et spiritus*

---

(1) Quelques auteurs en font deux rois différents.

(2) *Guill. de Jumièges*, liv. IV, chap. VII. — Wace, t. I, p. 183. — Dudon, p. 239.

(3) Suivant certains auteurs entre autres M. Lecanu, *Hist. des Evêques de Coutances*, le *dotalium* de Judith est de 1008. — V. p. 109.

(4) Sœur de Geoffroy, comte des Bretons qui lui avait épouse Havoise sœur de Richard. (*Robert de Thorigny*, édition de M. L. Delisle, I, p. 31).

(5) *Robert de Thorigny*, I. p. 32.

« sancti, ego Richardus ordinante divina clementia comes et dux
« normannorum; notum immo percognitum fore volumus cunctis
« sancte Dei ecclesiæ fidelibus atque proceribus nostris quoniam
« adiit sublimitatis nostre dignitatem venerabilis abbas sancti
« Martini majorismonasterii Ebraldus (1) nomine, suppliciter
« deprecans uti ex rebus nostris cenobio cui ipse preesse videtur
« sancti Martini majorismonasterii aliquid per hujus nostre aucto-
« ritatis testimentum (2) concederemus. Cujus petitioni benigne
« annuentes concedimus pro Dei et sancti Martini amore necnon
« pro redemptione nostre et parentum nostrorum atque conjugis
« animarum, pro salute quoque filiorum ac filiarum prefati cenobii
« abbati et fratribus inibi Deo famulantibus presentibus ac futuris
« partem rerum nostrarum in pago constantino, villam scilicet que
« Hetrevilla dicitur (3), duas partes Queterille quarterium etiam
« Buistotville quem nunc Restaldus tenet eo tamen tenore ut de
« duabus prioribus villis quod de nobis tenuisse visi sunt qui easdem
« actenus tenuerunt tam ab ipso abbate quam ab ejus successoribus
« teneant, ceterum cunctas redibitiones que a nobis exigebantur mona-
« chi prout sibi libuerit vindicent et stipendiis victualibus in perpe-
« tuum deputent. Quod etiam de quarterio quem Restaldus tenet ipso
« vivente habeant, post cujus obitum totum liberum et absolutum in
« æternum possideant. Donamus etiam ipsis libere et absolute quar-
« terium helville in quo quidquid voluerint exerceant et perpetualiter
« teneant. »

S. Richardi venerabilis comitis   S. Richardi filii ejus
S. Nielli vicecomitis   S. Baldrici sarnaldi
S. Durandi   S. Actonis (4).

Ce document est une des copies collectionnées sur les chartes
originales par « Baudet licencié es lois, juge et lieutenant général
« de Monsieur le bailly de Touraine, a lui demandées par vénérable
« et discrepte personne frère Christophe du Moussay, prieur et
« seigneur temporel d'Héauville » au cours de plusieurs procès

(1) La copie publiée par M. L. Delisle aux pièces justificatives, p. 4, de son
Histoire du château et des sires de Saint-Sauveur-le-Vicomte, appelle cet abbé
« Ebrardus » c'est d'ailleurs aussi la leçon de la *Gallia christiana*, XIV, p. 200.
(2) La copie de M. Delisle porte « *testamentum*. »
(3) M. Delisle dit « *Hetredvilla* » et Baluze cité par le même dit « *Etredvilla*. »
(4) La copie de M. Deleste porte de plus : S. *Rodberti comitis, Ernaldi et
Hugonis archidiaconi.*

qu'il eut à soutenir et dont nous parlerons plus tard. Cette copie est du 21 octobre 1524, en voici une traduction aussi littérale que possible :

« Au nom de la sainte et indivisible Trinité, Père, Fils, et Saint-
« Esprit, Nous Richard par la clémence divine comte et duc des
« Normands voulons qu'il soit connu, bien plus qu'il soit très
« connu de tous les fidèles de la sainte Eglise et des grands de
« notre Etat, que s'adressant à Notre Sublimité, le vénérable
« Ebrald abbé de Saint Martin de Marmoutier nous a humblement
« demandé qu'au monastère gouverné par lui, c'est-à-dire au
« monastère de Saint Martin de Marmoutier, nous donnions quel-
« que partie de nos biens en témoignage de notre puissance. Fai-
« sant avec bonté droit à cette requête, pour l'amour de Dieu et
« de saint Martin, aussi pour la rançon de notre âme, de celles de
« nos parents et de notre épouse, le salut de nos fils et de nos filles,
« nous avons concédé à l'abbé du susdit monastère et aux frères
« qui y servent présentement ou y serviront Dieu à l'avenir, une
« partie de nos possessions dans le pays du Cotentin, à savoir une
« terre appelée Hétreville, de plus deux parties de Quéteville et
« même le Quartier de Biville que tient maintenant Restald, en
« sorte cependant que pour les deux premières terres ceux qui
« les ont tenues de nous jusqu'ici, les tiennent dorénavant de la
« même manière tant dudit abbé que de ses successeurs; du reste
« quant à toutes les redevances qui nous étaient dues, que les
« moines en jouissent comme il leur plaira et qu'à jamais, ils les
« emploient à leur nourriture. Pour le Quartier de Biville tenu par
« Restald, que lui vivant ils en aient les redevances et qu'après sa
« mort ils possèdent cette terre librement et absolument à jamais.
« Nous donnons de plus aux mêmes religieux la quatrième partie
« de Helville, qu'ils la possèdent librement, absolument et perpé-
« tuellement, qu'ils y fassent ce qu'ils voudront. »

Le domaine d'Hétreville dont il s'agit ici comprenait toute la partie septentrionale de l'Héauville actuel, le territoire de Quéte-ville forme la partie méridionale de cette paroisse (1) et s'étend presque jusqu'à l'église de Helleville qui ne tarda pas à appartenir à peu près en entier à la même maison. C'était là une dépendance déjà considérable et les terres de Toutfresville s'étendant sur la

_____

(1) Hameaux Bigard, la Paillière, le Carpentier et leurs territoires.

moitié sud-ouest de Vasteville allaient bientôt grossir cette première donation, si elles n'y étaient pas comprises, et relier Biville aux autres concessions (1). C'était donc une étendue de six à sept kilomètres de longueur sur quatre en moyenne de largeur dont Marmoutier acquérait la propriété absolue pour une partie et la suzeraineté pour l'autre. Ce n'était qu'un commencement, car les domaines donnés à Saint-Martin de Tours par les ducs de Normandie et leurs vassaux devinrent promptement nombreux et fort considérables par toute la province; nous le constaterons bientôt pour le Cotentin. Les Normands convertis réparaient, aussi largement que possible, pour les monastères et les églises, les ruines dont leurs ancêtres païens avaient abondamment semé le sol de la France!

L'abbaye de Marmoutier. — Marmoutier commençait à renaître du temps d'Ebrald. Fondée vers 371 par saint Martin à deux kilomètres de sa ville épiscopale, cette maison longtemps prospère fut brûlée en 857 par les Normands de Sildric et d'Hasting, qui en massacrèrent les cent seize religieux et ce monastère demeura abandonné malgré les efforts que fit pour le relever en 907, le pape Sergius III (2); ses immenses revenus devinrent la proie des seigneurs laïcs et l'histoire (3) nous les montre réunis à ceux de Saint-Germain et de Saint-Denis aux mains du duc de France Hugues le Grand, appelé parfois à cause de cela Hugues l'Abbé. Son fils Hugues Capet, dont la nouvelle dynastie avait besoin d'amis, donna Marmoutier à Eudes comte de Touraine (4) qui ne voulant point s'enrichir de biens jadis consacrés à Dieu entreprit bientôt de ranimer les cendres de la fameuse abbaye. Il envoya donc demander des religieux à Cluny, alors si célèbre par l'austère régularité de ses moines et Guislebert vint avec douze compagnons s'établir à Saint-Martin de Tours en l'an 1000. Quatre ans après ce même Guislebert fut fait abbé du consentement de saint Maïeul,

---

(1) M. Dupont, *Histoire du Cotentin*, I, p. 216, cite Tréauville comme faisant partie de cette donation. Je n'en ai trouvé aucune trace dans les concessions faites à Marmoutier. Tréauville un peu plus tard dépendit du prieuré de Beaumont fondé en Auge par les Bertrand de Montfort et de Bricquebec.

(2) Darras, *Histoire générale de l'Église*, XIX, p. 333.

(3) Anquetil, *Histoire de France*, I, p. 331.

(4) *Robert de Thorigny*, II, p. 205.

abbé de Cluny et Marmoutier redevenu abbaye indépendante ne tarda pas à retrouver son ancienne splendeur.

Fondation du prieuré. — Son premier bienfaiteur dans notre Normandie, le duc Richard II, mourut vers 1026 : son fils Richard III ne fit que passer sur le trône ducal, mourant empoisonné dès la première année de son règne, suivant Robert de Thorigny (1), en 1028 suivant d'autres historiens (2). Robert son frère et successeur avant d'entreprendre en Terre Sainte le voyage d'expiation pendant lequel il mourut (1035) fonda Cérisy (1032) fit des largesses au Mont-Saint-Michel, mais n'augmenta point les dépendances de Marmoutier. Ce fut sous son fils Guillaume le Bâtard que les domaines de cette maison prirent le plus d'extension en Cotentin.

Il est à présumer cependant que les abbés de Tours n'avaient pas attendu ces nouvelles donations pour fonder le prieuré qui nous occupe : les intérêts étaient importants déjà à sauvegarder. Des moines y furent sûrement envoyés pour veiller à ces intérêts en priant pour les bienfaiteurs. C'était d'autant plus nécessaire qu'en ces temps la propriété était bien précaire, souvent contestée et les empiétements aussi communs que faciles.

Guillaume donne la moitié de Guernesey à Marmoutier. — Nous ne connaissons pourtant pas le nom des premiers prieurs, à moins que l'un d'eux ne soit le « Gazon » souscrit à l'acte de donation faite par Guillaume le Bâtard après la bataille des Dunes. Grimoult du Plessis et Renaud de Bayeux avaient voulu renverser Guillaume et le remplacer par son cousin Guy de Bourgogne. Néel de Saint-Sauveur les avait suivis dans leur révolte; battu avec eux vers 1047 il s'enfuit en Bretagne, ses biens furent confisqués et le duc Guillaume aumôna (1048) à l'abbaye de Marmoutier la moitié de Guernesey dont la maison de Saint-Sauveur était depuis longtemps propriétaire.

Voici la traduction de la charte. Outre que ce document est l'un des plus précieux du XIᵉ siècle, il fait partie du petit cartulaire d'Héauville que nous avons sous les yeux (3), probablement parce que, comme les autres « membres » de Marmoutier en Nor-

(1) I, p. 31.
(2) Richard Séguin, *Histoire militaire des Bocains*, p. 148.
(3) Copie collationnée par Beaudet, 31 octobre 1524.

mandie, le prieuré de Guernesey appelé Torteval dépendit souvent
d'Héauville dont les prieurs étaient généralement « vicaires et
« procureurs des abbés de Saint-Martin de Tours ès province et
« pays de Normandie. » Nous n'en donnerons point le latin, notre
copie étant absolument identique à celle publiée par M. Delisle (1),
excepté le nom de la duchesse écrit « Meheldis » dans cette dernière et « Mathildis » dans la nôtre, qui porte aussi trois signatures en moins.

« Si quelque fidèle se sent poussé par l'ardent désir de suivre
« le précepte évangélique, par lequel tous les riches sont miséri-
« cordieusement avertis de se faire avec leurs richesses des amis
« qui après la mort les reçoivent dans les éternels tabernacles,
« que celui là ait soin de pourvoir à tous les besoins des indigents
« et surtout de ceux qui pratiquent cet esprit de pauvreté auquel,
« suivant la parole de la Vérité même, appartient le royaume des
« cieux, afin de s'en faire des amis qui à sa mort le reçoivent dans
« les demeures éternelles et qu'il en soit bien assuré, non seule-
« ment il ne sera point privé de cette réception, mais même le
« dispensateur de tout bien, qui lui a donné le moyen de se faire
« de tels amis, lui assurera parmi les plus élevés en gloire les
« récompenses de l'éternelle béatitude.

« Poussé par cette considération moi Guillaume que la divine
« Providence a fait prince des Normands j'ai résolu de prêter à
« usure, au Dieu fidèle, en la personne de ses pauvres une partie
« des biens temporels que j'ai reçus, afin qu'après le temps pré-
« sent, dans celui de l'éternelle rétribution je mérite de recevoir
« le centuple; et pour que cela soit plus sûr j'ai choisi ce genre
« de pauvres qui, sous l'abbé Albert dans le monastère de Tours
« appelé Marmoutier, servent le Dieu tout puissant et qui, pour le
« faire plus librement et plus aisément, renonçant à leurs biens
« propres, pratiquent la pauvreté volontaire.

« Mais pour écarter toute ambiguité sur la quantité et l'intégrité
« des biens que par les mains des susdits pauvres j'offre au Dieu
« tout puissant et que je parais posséder en mon domaine dans
« l'île de Guernesey, j'ai ordonné d'insérer leurs noms dans cet
« écrit, à savoir : l'église de Saint-Pierre du Port en toute inté-
« grité, l'église de Saint-André de la Pommeraye en toute inté-

(1) Pièces justificatives de l'*Histoire de Saint-Sauveur*, pp. 21 et 22.

« grité, l'église de Saint-Samson évêque en toute intégrité, l'église
« Saint-Martin de la Berlose en toute intégrité, l'église de Sainte-
« Marie de Torteval en son intégrité et la dîme de tout ce qui
« tant en fruits qu'en animaux appartient à ces six églises. Que
« les prêtres eux-mêmes avec les biens ecclésiastiques soient sou-
« mis à la puissance dudit abbé, en sorte que, quand l'un d'eux
« mourra, ou si pour quelque négligence ou quelque crime il est
« jugé par son évêque digne d'être expulsé de son église, qu'il
« soit remplacé selon le bon plaisir et la disposition de l'abbé. Et
« même à ces dons j'ajoute la dîme de quatre charruées (1) de
« terre que je possède dans mon domaine en la dite île et un hôte
« avec l'intégrité de sa redevance où le moine qui présidera à
« l'obédience (2) puisse se faire une maison pour y demeurer. Je
« fais ces concessions, qui seront perpétuelles, au Dieu tout puis-
« sant et à Saint-Martin de l'autorité et du consentement de mon
« épouse Mathilde et de mon fils Robert, afin qu'aidés des prières
« des dits frères nous méritions d'être associés à l'assemblée de
« ceux qui pour leurs aumônes ont plu à la divine majesté.

« Et si, Dieu les en garde, quelqu'un de nos successeurs poussé
« par les suggestions du démon, tentait de porter atteinte à cette
« aumône soit en la retirant, la diminuant ou la changeant, et
« ne venait point à résipiscence, que son sacrilège soit puni, non
« par un vengeur quelconque, mais par celui que la sublimité de
« ses mérites fait appeler la perle des pontifes. Et pour que l'écrit
« de notre largesse garde perpétuellement sa force nous l'avons,
« en traçant de notre main le signe de la croix, confirmé avec
« dévotion et donné pour le corroborer à nos fidèles dont les
« noms suivent. »

Les noms souscrits à cette pièce d'après la copie de Baudet sont
ceux de : Guillaume, comte, Mathilde son épouse, Robert son fils,
Eudes, évêque de Bayeux, Geoffroy, évêque de Coutances, Raoul,
camérier, Guillaume, fils d'Osbert, Raoul Tesson, Roger de Montgommery, Guillaume de Clinville, Richard vicomte, Gautier
Vifard, Roger de Beaumont, Raoul, abbé du Mont-Saint-Michel (3),

(1) La charruée (carruca), mesure de superficie équivalente à dix acres ou
quarante vergées ou huit hectares.
(2) Nom primitif de ce qui plus tard fut appelé prieuré.
(3) Cet abbé était Raoul ou Rodolphe de Beaumont, huitième abbé du
Mont-Saint-Michel, c'est probablement lui qui avait donné à cette abbaye les

Gazon, prieur, Guillaume, moine, Ernaud, moine et Arfadius, chapelain ou secrétaire.

Mais pour rendre plus sûr encore l'avenir de cette largesse, les religieux de Marmoutier en demandèrent la confirmation à Néel lui-même. On peut lire aux pièces justificatives de l'*Histoire de Saint-Sauveur* (1) les deux chartes que le vicomte signa à cette occasion dès 1048, y réservant seulement les droits par lui concédés aux chanoines établis dans son château depuis 998; s'engageant d'ailleurs à faire son possible pour éteindre les droits de ces chanoines, si jamais il rentrait dans sa patrie et recouvrait ses biens. En 1060 réintégré depuis plusieurs années dans ses propriétés et ses honneurs Néel confirme de nouveau, cette fois avec sa femme Adèle et leurs enfants, les possessions de Saint-Martin de Tours à Guernesey : « de plus pour les confondre si jamais ils « tentaient de le nier, il désigne par leurs noms » tous ceux qu'en vertu de son premier engagement il a amenés par son influence à céder leurs droits sur ces terres aux religieux de Marmoutier. Entre autres figurent dans cette charte les noms de tous les chanoines de Saint-Sauveur (2). Enfin Néel nous apprend qu'alors, bien « plus comme gage d'affection que comme chose « due, les dits moines lui avaient remis trente livres pour l'appro-« bation nouvelle » de la concession de six églises de Guernesey, eux faite par le duc Guillaume.

L'île entière devint ainsi définitivement la dépendance de deux abbayes; Robert le Magnifique, avant son départ pour Jérusalem, ayant vers 1032 donné (3) la première portion au Mont-Saint-Michel, avec les revenus à lui réservés sur l'autre partie que tenaient déjà les vicomtes de Saint-Sauveur.

Donation d'une langue de baleine. — Mais avant cette dernière confirmation de Néel, le duc Guillaume avait fait aux moines de Saint-Martin une nouvelle largesse assez singulière en soi et qui de sa nature, devait profiter aux plus rapprochés du lieu de livraison, c'est-à-dire à Héauville. Aussi y trouvons nous une

dîmes qu'elle possédait à Cosqueville, voir M. Le Héricher. *Histoire du Mont-Saint-Michel. Avranchin monumental*, II, p. 28.

(1) PP. 23-24-25.
(2) *Histoire de Saint-Sauveur.* Pièces justificatives, p. 34.
(3) *L'Histoire du Cotentin*, par M. Dupont, I, p. 463, donne deux extraits de cette charte de Robert, que possèdent les Archives de la Manche.

copie de la charte constatant cette étrange donation octroyée vers 1055 : « Nous voulons qu'il soit connu de tous que moi « Guillaume par la grâce de Dieu comte des Normands, pour le « salut de mon âme, celui de mes parents, surtout de mon père « et de ma mère, aussi de mon épouse et de mes héritiers, je « concède à droit perpétuel à Dieu et à Saint-Martin, c'est-à-dire « aux moines qui servent Dieu sous l'abbé Albert dans le monas- « tère de Marmoutier la langue entière d'une baleine dans le « comté de Cotentin, auprès de la ville de Valognes. »

En même temps probablement, puisque les deux chartes portent les mêmes signatures, le duc faisait une autre concession qui dû être plus appréciée à Tours, à savoir celle d' « une terre sur « laquelle se trouvent dix masures (1) et située au Luot (2) entre « le chemin qui conduit de la ville d'Avranches au centre de la « Normandie et un ruisseau que je leur donne pour établir un « moulin (3). »

FRÉDEBERT

Achat de l'Hauxennerie. — Vers cette époque le prieur d'Héau- ville s'appelait Frédebert; c'est ce que nous apprend la notice suivante :

« *Nosse debebitis qui eritis posteri nostri majoris monasterii* « *hujus habitaturique monasterium sancti Martini, quemdam e* « *Normannia Almeridum nomine vendidisse nobis sub regimine* « *nunc agentibus domini Alberti abbatis in eodem pago apud Helvillam* « *prope ceteras illius loci possessionis nostræ terras triginta acros* « *terre quos nos Aupen appellamus annuente uxore sua Arfrida* « *cum liberis suis, his moventibus Rotgerio Ausquitmo et Heristmo* « *Ernulfo. (A) nobis triginta libras denariorum (accepit Almeridus)* « *per quemdam monachum nostrum Fredebirtum nomine quem in* « *illis partibus rebus nostris prefeceramus, confirmante nostro* « *Guillelmo illius provinciæ venerabili comite cum uxore propia* « *Madilla favorabilem prebente assensum, nobis pro anima sua* « *dimittente consuetudines omnes quicumque ex eisdem acris sibi*

(1) Appelées aussi ménages dans les actes anciens : c'étaient les ma'sons ordinaires de la campagne qui étaient ainsi désignées.

(2) Canton de la Haye-Pesnel (Manche).

(3) Pièces justificatives de l'*Hist. de Saint-Sauveur*, p. 29.

« *competere videbantur. Omnes assensum et demissionem testifican-*
« *tur isti Gaufridus episcopus constantiensis, Guillelmus filius*
« *Osberti, Adam..... Rogerius de Montegomerii, Guillelmus de*
« *Valavilla, Hugo forestiarius qui subscribuntur..... et (venditionis)*
« *auc:oramentique uxoris ac filiorum ejus testes existunt Auquitmus,*
« *Niellus frater Alfredie uxoris, Osbertus Granaverennis, Rodgerius*
« *hasle, Estraierius presbyter, Roscelinus de Regou, Extraerius*
« *Grandis, Humerius de la Landa, Annericus famulus* (1). »

« Vous devez savoir vous nos futurs successeurs à Marmoutier
« qui dans l'avenir habiterez le monastère de Saint-Martin, qu'à
« nous, qui vivons maintenant sous la direction du seigneur abbé
« Albert, un habitant de la Normandie appelé Almeride, du
« consentement de son épouse Alfrède et de ses enfants, nous a
« vendu dans ce pays à Helville auprès des autres parties de notre
« domaine en ce lieu trente acres de terre que nous appelons
« Aupen . . . .
« (pour lesquels Alméride a reçu de) nous trente livres de deniers
« par les mains d'un de nos moines appelé Fredebert, que nous
« avions chargé de présider à la gestion de nos intérêts dans ces
« quartiers. Cette acquisition a été confirmée par le vénérable
« comte de cette province Guillaume, qui ainsi que son épouse
« Mathilde y a donné son bienveillant assentiment. De plus pour
« le salut de son âme, il nous a exemptés de toutes les redevances
« qui paraissent lui appartenir sur ces trente acres. Tous ceux
« qui sont souscrits affirment ce consentement et cette exemption :
« Geofroy évêque de Coutances, Guillaume, fils d'Osberne,
« Adam..... Roger de Montgommery, Guillaume de Vauville,
« Hugues le forestier......... (de la vente) et l'approbation de
« l'épouse et de ses enfants sont témoins Anquitmus, Néel frère
« d'Alfrède épouse, Osbert Granaverenth, Roger Haslé, Estraierius
« prêtre, Roscelin de Régou, Extraerius le Grand, Homère de la
« Lande, Annerie, serviteur. »

Les terres dont il s'agit étaient certainement, le nom l'indique
assez, le triage de l'Hauvennerie située dans l'angle sud formé
par la route de Beaumont-Hague aux Pieux et le chemin de
Riglon à l'église d'Héauville (2). La notice qui en signale l'achat

---

(1) Collation faite par Baudot, etc. le 2! octobre 1824.
(2) Dès lors entre Quetteville et Riglon.

n'est point datée mais est surement antérieure à 1066, puisque
Guillaume y reçoit simplement le titre de comte.

Les terres du prieuré sont déchargées des coutumes. — L'achat
de l'Hauvennerie dut même être un peu antérieur à la concession
suivante qui, d'après une autre notice (1) signalée par M. Delisle,
est de 1062.

Les religieux du nouveau prieuré voyant avec quelle généreuse
facilité le duc avait déchargé des « coutumes » leur dernière
acquisition profitèrent de sa présence dans la Hague, pour obtenir
la même exemption à tous leurs biens.

Guillaume qui aimait beaucoup Valognes y résidait souvent et
et courait sans cesse le pays, se livrant avec ardeur au plaisir de
la chasse, si cher aux seigneurs normands entre leurs expéditions
militaires et en particulier au duc, qui, s'il faut en croire certains
historiens (2), devenu roi d'Angleterre fit dévaster une grande
étendue de pays pour y créer la fameuse « forêt neuve » et pouvoir s'y livrer à son plaisir favori. En attendant, le gibier ne lui
manquait pas dans ces immenses bois qui couvraient alors et
couvrirent longtemps encore tout le nord de la presqu'île; les
oiseaux de toutes sortes y abondaient, les bêtes fauves y étaient
nombreuses, le loup même n'y était pas rare.

Or un jour que le duc chassant avec quelques uns de ses officiers
se trouvait dans leur voisinage, les moines d'Héauville se présen-
tèrent devant lui; mais laissons parler notre notice : « Au temps
« où le moine Fredebert veillait aux intérêts de Saint-Martin à
« Helville, le roi des Anglais qui était encore comte concéda à ce
« moine et aux hommes de Saint-Martin de labourer leurs terres
« ordinaires sans payer aucun droit de coutume : priant seule-
« ment qu'on voulut bien ne point labourer les terres des cortilz (3)
« sans payer les droits habituels. Et encore cette restriction ne
« s'appliquait qu'aux vassaux; aux moines il accorda de labourer
« tout leur domaine propre (4) sans aucune redevance. Le comte
« mangeait à la hougue de Biville lorsqu'il fit cette concession en
« présence de Roger de Montgommery, de Guillaume fils d'Osbert

(1) Copiée dans le manuscrit latin 12898 f. 151 verso.
(2) Robert de Thorigny, I, p. 67. — Orderic Vital. A. Thierry.
(3) Probablement des terres en culture de jardin; c'est encore ce mot de
« cortil » qui sert à les désigner dans de nombreux endroits de notre Cotentin.
(4) Non fieffé.

« et de Hugues le forestier qu'il voulut frapper d'une épaule de
« porc, parce qu'il s'opposait à ce don. »

Ce seigneur Hugues surnommé le forestier, qui faillit être battu
avait certainement intérêt à empêcher cette exemption et devait
dès lors par lui ou par les siens posséder quelque redevance
sur le domaine d'Héauville, sans quoi il ne se serait pas élevé
contre la demande des moines avec la vivacité qui suscita la
colère du duc Guillaume. Quant à son surnom, le devait-il à une
charge de cour, comme les Le Vicomte, les Le Bouteillier et
autres? Il n'y aurait rien d'étonnant à cela, car dès le xie siècle
les ducs de Normandie avaient créé des officiers pour veiller à la
conservation des forêts dépendant directement du domaine ducal.
Elles étaient nombreuses et fort étendues ces forêts. Pour ne
parler que de notre quartier, celles de Montebourg, de Valognes
et de Brix en faisaient partie et s'étendaient sur tout le nord de
l'arrondissement actuel de Valognes et sur celui de Cherbourg en
entier. Quantité de droits y étaient accordés, soit temporairement,
soit à titre héréditaire à des particuliers, à des fiefs entiers, à des
communautés religieuses : nous aurons plusieurs fois l'occasion
de voir les prieurs d'Héauville aux prises, pour la défense de leurs
« droictures et libertés » avec les officiers de ces forêts. En attendant il leur fallut sauvegarder la récente concession que venait
de leur faire le duc Guillaume.

RAINALD

Mais notre notice fut écrite vers 1076 et Frédebert avait disparu
quand s'élevèrent à propos de l'exemption des coutumes, les
difficultés qu'elle raconte dans sa seconde partie; Rainald l'avait
remplacé :

« Marmoutier jouit en paix de ce privilège jusqu'à ce que
« Robert Bertrand devint vicomte. Le malheureux imposa des
« redevances à cette possession de Saint-Martin, ignorant, disait-il,
« que le roi eut fait cette concession. Alors sur l'ordre du moine
« Rainald, le moine Gauslin passa la mer et fit clameur au roi,
« qui irrité envoya son chapelain Bernard fils d'Hospac avec le
« susdit moine à la reine, lui ordonnant de faire à Saint-Martin
« justice de Robert Bertrand et de rendre l'imposition indûment

« perçue. La reine obéissant au roi força Robert Bertrand à rendre
« tout ce qu'il avait ravi des biens de Saint-Martin. Cela fut fait
« en la fête de la Nativité de saint Jean, dans la maison de Cher-
« bourg, en présence des évêques de Lisieux et d'Avranches, du
« vicomte Richard, d'Eudes et d'Onfroy de Bohon. »

Nos moines durent être fiers d'avoir ainsi mis à la raison le
vicomte du Cotentin. C'était pourtant un homme puissant Robert
Bertrand, mais la leçon n'en était que meilleure pour ceux qui
eussent été tentés de l'imiter. Voici ce que R. Seguin (1) nous dit
de cette maison : « La famille qui tenait le second rang (2) dans
« le Bocage, étaient les Bertrand de Bricquebec, dont le chef
« prenait le titre de sire et premier banneret. Cette famille
« illustre (3) et puissante posséda un vaste territoire, où elle se
« divisa en plusieurs branches qui prirent le nom de leurs châ-
« teaux, entre lesquelles on distinguait celles du Rosel, des
« Perques, de Saint-Pierre-d'Allone, de Beaubigny, de Breuville,
« de Hardinvast, du Mesnil-Auvair, de Sottevast, de Saint-Paul-
« des-Sablons, de Sénoville, de Saint-Germain-des-Vaux, de
« Vauville, de Quettetot, de Surtainville, du Vrétot, de Pierreville,
« de Saint-Germain-le-Gaillard, de Négreville, de Brucheville, de
« Vasteville, de Magneville, de Blosville (4). »

Comme on le voit par cette énumération les domaines de notre
prieuré touchaient une partie de ceux de la maison de Bricquebec
et quelques possessions des religieux en avaient peut-être même

(1) *Histoire militaire des Bocains*, p. 121. — Voir de plus l'aveu et dénombrement de la baronnie de Bricquebec fait en 1456 par Michel d'Estouteville
et dernièrement publié par M. Paul Lecacheux dans la *Revue catholique de
Normandie*, du 15 novembre 1897 (7ᵉ année, p. 232).

(2) Les vicomtes de Saint-Sauveur occupaient le premier rang (R. Seguin,
même page).

(3) Anslech, parent de Rollon, fut, dit on, le premier baron de Bricquebec,
où il aurait remplacé Rioulf vaincu ; il fut l'un des gouverneurs de Richard Iᵉʳ
et avec les deux autres Bernard le Danois et le comte Raoul, il sauva l'indé-
pendance de la Normandie menacée par Louis d'Outremer et Hugues le Grand,
pendant la minorité de Richard Iᵉʳ. (M. de Gerville, *Anciens châteaux de
l'arrondissement de Valognes*, t. I, des *Mémoires des Antiquaires de Normandie*.
— Chroniques de Mégissier, p. 26).

Anslech par son fils Turstin de Bastembourg fut encore la souche des seigneurs
de Montfort-sur-Rille.

(4) L'aveu signalé à la note 1, reconnaît des sièges de plés de la haute justice
de Bricquebec à Saint-Germain-des-Vaux, à Blosville, à Fontenay-le-Paynel.

2

été détachées. Leur exemption des « coutumes » pouvait donc avoir lésé Robert Bertrand qui profitait de sa nouvelle charge pour rétablir ces droits que n'avait pu sauver Hugues le forestier.

Donation de Eudes au Chapel. — Un peu plus tard un autre vicomte enrichit les moines que Robert Bertrand se contentait d'imposer, en effet : « que tous sachent qu'Eudes vicomte du « du Cotentin nous a donné à nous moines de Marmoutier la « quatrième partie de Helville que tenait de lui un chevalier « appelé Rogos, par héritage de son épouse qui elle-même « s'appelait Roges..... Fait en la maison de Turstin surnommé « l'ours l'année de l'incarnation 1081, sous le gouvernement de « l'abbé Barthélemy (1). »

Et presque aussitôt le roi Guillaume, la reine Mathilde, Guillaume son fils, etc., approuvaient cette donation par une charte qui l'explique et détermine bien de quel Eudes il s'agit, car il y eut deux Eudes vicomtes du Cotentin presque à la même époque, celui-ci et un autre appartenant à la famille de Saint-Sauveur : « Eudes fils de Turstin donna à Saint-Martin de Mar- « moutier la part qu'il possédait en la villa appelée Helville, part « consistant en l'église, en terres cultivées ou non, en prés et en « eaux. »

Cet Eudes vicomte du Cotentin était donc Eudes au Chapel, fils de ce Richard Turstin Halduc, baron de la Haye-du-Puits, qui de concert avec sa femme Anna ou Emma avait fondé l'abbaye de Lessay vers 1056 selon les uns (2), vers 1064 suivant les autres (3).

RUALOC

Mais quand Eudes au Chapel fit sa donation Rainald avait été remplacé comme prieur par le moine Rualoc; c'est du moins ce qui semble ressortir d'une notice (4) relatant un jugement rendu

(1) Onze seigneurs avaient, avec Eudes lui-même, signé cette donation, on peut voir leurs noms et le latin de la notice aux pièces justificatives de l'*Histoire de Saint-Sauveur*, par M. L. Delisle, pp. 44 et 45.

(2) Toustain de Billy, *Hist. ecclésiastique du diocèse de Coutances*, I, p. 130 — Lecanu, *Hist. des Évêques de Coutances*, p. 121. — Fl. Richomme, *Annuaire de la Manche*, 1841, p. 255.

(3) R. Séguin, *Hist. archéologique des Bocains*, p. 183. — M. Dupont, *Hist. du Cotentin*, I, p. 271.

(4) *Hist. de Saint-Sauveur*, pièces justificatives, p. 46.

en 1081 à Cherbourg, en la cour de Guillaume le Conquérant, en présence des évêques Geoffroy de Coutances, Michel d'Avranches, Gislebert de Lisieux et d'Eudes le vicomte, jugement redressant les torts faits aux moines de Marmoutier par Geoffroy fils de Nervée en leur prébende de Saint-Georges de Bohon. En effet parmi les religieux de Saint-Martin chargés de soutenir l'affaire nous trouvons en première ligne Rualoc de Heltville.

Ce prieuré de Bohon fondé pour Marmoutier par le seigneur du lieu Onfroy en 1048 (1) enrichi par plusieurs de ses parents surtout Engelger de Bohon et Richard de Saint-Vigor devint fort important, compta jusqu'à neuf moines et payait un décime de deux cent soixante-quatre livres.

RADULPH ou RAOUL

Donation d'Ertaud à Guernesey. — Une notice de 1093 nous dit que Raoul était prieur de Helville depuis déjà quelque temps, c'est donc évidemment de lui qu'il est question dans l'acte suivant, cité par M. Dupont (2) qui semble l'avoir traduit et commenté un peu librement : « Qu'il soit connu qu'Ertaud a donné au bien-« heureux Martin et à ses moines c'est-à-dire au seigneur Raoul « neveu du seigneur Gislebert, évêque de Lisieux et au seigneur « Gautier qui demeurait dans l'île de Guernesey cinq acres de « terre situés à Noirmont *(ad Prenigrum montem)* dépendant de « la terre d'Adélaïde sœur de Robert le Pilote (ou l'*Esturman*, « *strumanni*). Cette largesse fut octroyée libre de toute redevance « en présence de la femme d'Ertaud, Origéa alors malade, de ses « fils Raoul, Robert et Guillaume ainsi que de son gendre Alain. « Cette donation fut faite l'an de l'incarnation 1091. »

Ce Gautier qui demeurait dans l'île de Guernesey « *qui moraba-* « *tur in insula Grenesolii* » était le prieur du lieu, peut-être seule-ment un moine détaché de Helville « pour veiller à l'obédience, » Raoul lui était le prieur cité dans une des notices suivantes.

(1) M. Lecanu, *Hist. des Évêques de Coutances*, p. 492, reporte cette fondation à 1092 : la notice ci-dessus lui donne tort.

(2) Le texte de M. de Gerville cité par M. Dupont porte « *Grenesolii* » qui malgré une légère différence désigne bien Guernesey, généralement écrit en latin : « *Grenerodium ou grenerolium.* » C'est donc à tort que M. Dupont tra-duit ce mot par Jersey, où d'ailleurs les religieux de Marmoutier n'ayant aucune possession, n'avaient point de représentant.

Donation de Ranulph des Pieux. — La première mentionne une nouvelle donation qui vient augmenter encore l'importance du domaine d'Héauville. Le document sur vieux parchemin que nous avons sous les yeux semble être la copie primitive donnée au prieur comme titre de propriété : « *Noverint omnes monachi nostri* « *quod Ranulphus de Podiis presbyter quidam veniens ad majus* « *monasterium et accipiens beneficium nostræ societatis dederit* « *sancto Martino et nobis monachis suis totam decimam de Esto-* « *bavilla et oblationes et sepulturas ita ut ipse faciet omnes homines* « *in illa villa remanentes nostros ad Hetrevillam vel ad Helvillam* « *si monachi nostri hoc melius voluerint. Hoc domi per virgulam* « *quamdam mittens illam manu domini bernardi prioris et postea* « *misit illud manu propia super altare....... famuli qui testes nostri* « *indfuerunt dono quod fecit sicut jam dicimus in capitulo sunt* « *duo fratres hugo scilicet præpositus de capella et gauffridus de* « *Varone, in quorum præsentiam ipse Rannulphus illud foras in* « *locutorium donum quod fecerat confirmavit coram laicis testibus.* « *Quod ita tunc factum fuisse testificare qui affuerunt possunt* « *legali probatione Martinus de Capella, Bertinus..., Guido major,* « *Haduinus de Sancto Siro, Albertus de Campamare.* « *Actum anno ab incarnatione domini MXCIII media XI tempore* « *domini abbatis Bernardi et Roberti (1) normannorum comitis.* »

« Que tous nos moines sachent qu'un certain Ranulphe des « Pieux, prêtre étant venu à Marmoutier et ayant accepté le bien-« fait de notre association a donné à Saint-Martin et à nous ses « moines toute la dime d'Estoubéville et les oblations et les « sépultures, de façon que lui-même fera nôtres tous les hommes « demeurant dans cette villa (paroisse ou domaine) sous la « dépendance d'Hétréville ou sous celle d'Helville si nos moines « le préfèrent. Il a fait ce don dans le monastère par un petit « bâton, le mettant dans la main du seigneur Bernard prieur et « ensuite le plaçant de sa propre main sur l'autel..... Ceux de « notre maison qui assistèrent en témoins à cette donation faite « dans le chapitre comme nous l'avons déjà dit sont nos deux « frères Hugues prévôt de la Chapelle et Géoffroy de Varon, en « présence desquels dehors dans le parloir Ranulph lui-même

---

(1) Robert, Courte Heuze, fils aîné de Guillaume le Conquérant frustré de l'Angleterre à la mort de son père (1087) par son puiné Guillaume le Roux, dut bon gré mal gré se contenter de la Normandie.

« confirma devant les laïques le don qu'il avait fait. Que les
« choses se soient ainsi passées c'est ce que peuvent légalement
« témoigner ceux qui furent présents : Martin de la Chapelle,
« Bertin..... Guy l'aîné, Haduin de Saint-Sire, Albert de
« Campemare.

« Fait l'année de l'incarnation du Seigneur 1093...... Au temps
« du seigneur abbé Bernard et de Robert comte des Normands. »

Le domaine d'Estoubeville s'étendait sur toute la partie nord
de la paroisse actuelle d'Helleville, on y trouve encore un château
de ce nom, et sur la partie sud de Teurtheville-Hague dans
laquelle est situé le village d'Etoupeville, nom un peu défiguré
mais évidemment le même que celui de notre notice, peut-être
aussi jusques sur Sotteville et Bricquebosecq où plus tard exista le
prieuré d'Etoublon (1). Bientôt nous citerons un confirmatur du
duc roi Henri Ier nous apprenant que la moitié seulement de ce
domaine d'Etoubeville fut donnée à Marmoutier, dont les religieux
la rattachèrent à Helleville comme le donateur leur en laissait la
liberté. Etoubeville formait une paroisse, avait une église puisque
Henri Ier en confirme la possession à notre prieuré et que
Ranulph lui en aumône les oblations et les sépultures.

Mais qui était ce Ranulphe? Il était au moins en partie seigneur
des Pieux dont il prend le nom, car le confirmatur auquel nous
faisions tout à l'heure allusion nous dit que les donations de
Ranulph comprenaient la moitié de l'église des Pieux. Il s'appelait Ranulph Carbonnel; on peut du moins l'induire de deux
actes (2) postérieurs de quelques années à ceux-ci et où nous
voyons Guillaume Carbonnel donner à Saint-Sauveur la « dîme
« de tous ses moulins pour le repos de l'âme de son frère
« Ranulph. » et presque en même temps Robert du Rosel,
Haduse son épouse et leurs enfants aumônent aussi à cette même
abbaye « la dîme de toute la terre qu'ils ont dans la paroisse de
« Sainte-Marie des Pieux pour l'âme de leurs ancêtres et celle de
« Ranulph Carbonnel (3) ».

(1) Dépendant de l'abbaye de Saint-Sauveur-le-Vicomte, jouissait d'après le
Livre noir de revenus considérables. Le prieur payait 35 livres de décimes et
occupait le 3e rang au synode. — Suivant M. Séguin, Hist. Archéol. des Bocains,
p. 190, ce prieuré aurait d'abord dépendu de Blanchelande.
(2) M. Delisle, Hist. de Saint-Sauveur, p. justif., p. 62.
(3) Déjà puissante et riche, cette famille possédait de grands fiefs dans la

Quoiqu'il en soit, Ranulph se repentit promptement de sa générosité ou ne remplit point toutes les obligations qu'il s'était imposées à l'égard de Saint-Martin, car dès la même année les moines de Marmoutier lançaient la notice (1) suivante : « *Notum* « *sit omnibus presentibus et futuris quod Rannulphus presbyter de* « *podiis fecit forisfaituram quamdam in tempore illo quo dominus* « *Radulphus erat prior de Helvilla contra sanctum Martinum* « *majorismonasterii et contra monachos suos pro qua forisfaitura* « *condamnaverunt predicto priori Radulpho et monachis loci illius* « *quadraginta libras denariorum in misericordia. Sed quia non* « *habuit unde predictum numerum denariorum redderet et heredi-* « *tavit se et centum et quadraginta acros terre quos ab eo tenebat* « *Mangernis in Estoblavilla et hereditavit inde sanctum Martinum* « *et monachos suos in perpetuum. Quod viderunt isti et audierunt* « *Guillelmus filius Ansgoti,..... et Nigellus prepositus de turilvilla* « *et Robertus de..... et Gilbertus fonte imo et Gunffridus de* « *Fravilla et Nigellus orbus et de hominibus sancti Martini isti* « *Rogo et Renalbinus et Ramaldus..... et Radulphus de..... filius* « *Roglionis prepositus de Heravilla et plures alii qui hic non sunt* « *nominati. Actum anno ab incarnatione domini M°XCIII tempore* « *Philippi regis et roberti normannorum comitis agentibus nobis* « *sub domino abbate bernardo decimo anno ordinationis sue.* »

« Que tous sachent maintenant et à l'avenir que Ranulph « prêtre des Pieux, au temps où le seigneur Raoul était prieur « d'Helville, fit contre Saint-Martin et ses moines une forfaiture, « pour laquelle ils le condamnèrent à payer au susdit prieur et « aux religieux de ce lieu quarante livres de deniers en amende. « Mais n'ayant pas le moyen de fournir cette somme, il se donna « lui-même avec cent quarante acres de terre que Mauger tenait « de lui à Estobleville et qui devinrent à jamais l'héritage de « Saint-Martin et de ses moines. C'est ce que virent et entendirent « ceux-ci Guillaume fils d'Angot..... et Néel prieur *(prepositus)* de « Tourville (2) et Robert de..... et Gilbert de la Fontaine et aussi

Hague Fourneville, Nacqueville, les Maretz, une partie de Jobourg, etc., elle ne tarda pas à acquérir Canisy. Elle semble avoir une origine commune avec les Heusey ou de la Heuse, dont nous nous occuperons peut-être un jour.

(1) Ce document comme le précédent parait-être la copie primitive.

(2) Peut-être Tourville réuni maintenant à Lestre (canton de Montebourg). — D'après Toustain de Billy, *Hist. du diocèse de Coutances*, I, p. 275, Roger de

« Geoffroy de Fresville et Noël le veuf et parmi les hommes de
« Saint-Martin, Roger, Renalbin, Ramald, le fils de Roger Raoul
« de..... prieur d'Heraville et plusieurs autres qui ne sont pas
« nommés ici. Fait l'année de l'incarnation du Seigneur 1093, au
« temps du roi Philippe (1) et de Robert comte des Normands.
« alors que nous vivions sous le seigneur abbé Bernard, dans la
« dixième année de son ordination. »

Quelle avait été la faute de Ranulph si sévèrement puni? Je
n'en sais rien. Il avait aumôné à Saint-Sauveur une terre qu'il
tenait à Golnobuse (2) et six acres ailleurs. C'est tout; à moins
que ce ne soit lui, comme seigneur d'Estouteville, qui ait aussi
donné à cette même abbaye le prieuré d'Etoublon et que cette
fondation ait causé quelque dommage à Marmoutier.

Procès contre Rainald. — L'année suivante, Marmoutier soutint
un autre procès contre un prêtre; voici ce qu'en dit la Gallia
Christiana (3) : « l'année 1094 Bernard (l'abbé) eut un procès
« abandonné par le prêtre Rainald et ses frères Ingelbaud et
« Christian. » Ce Rainald est-il celui dont parle ailleurs le même
ouvrage (4) qui l'appelle « *dominus castelli* » seigneur du Château
ou du Châtel (5) et qui s'y croyant sans doute quelque droit
s'était mis en possession de l'église d'Helleville, *melior est conditio
possidentis*; mais si cet adage peut influer sur la justice humaine,

Golléville, chevalier, aurait donné les églises de Virandeville et Tourville à
Saint-Sauveur pour que deux religieux résident en la chapelle de Sainte-Croix-
de-Virandeville. — Un tiers seulement du revenu de ces paroisses ainsi données
était réservé au vicaire ou prêtre qui remplaçait dans la déserve le religieux
« préposé » à la paroisse dont il portait le titre, comme le Néel qui sert de
témoin ici à son voisin d'Helville.

Suivant M. Lerosey dans son *Hist. de l'Abbaye de Saint-Sauveur* ce fut Teurtheville-Hague que Roger donna à cette maison et pour le prouver il s'appuie
sur Mangon du Houguet et M. L. Delisle; dès lors il doit avoir raison; mais cela
ne change rien au titre de notre Néel.

(1) Philippe Ier, roi de France de 1060 à 1108.

(2) M. Delisle, *Hist. de Saint-Sauveur*, preuves justif. p. 53.

(3) I, p. 212.

(4) XIV, p. 200.

(5) Y avait-il un château fort dans le voisinage? — Il y a aux abords de la
lande d'Héauville, sur les confins de Teurtheville-Hague un castillon dominant
l'ancienne voie romaine d'Omonville à Porbail. A la fosse du Châtel qui en
fait partie on a découvert en 1833 beaucoup de briques de démolition, permet-
tant de croire à l'existence en ce lieu de constructions importantes.

ce serait quelquefois une fort mauvaise recommandation auprès
du Juge Suprême! C'est le sûr raisonnement que se fit Rainald et
n'étant point absolument certain de la légitimité de sa possession
« avant de mourir il remit aux religieux le bien en litige. »

D'un renvoi de la Gallia Christiana on pourrait croire que
Mabillon (Ann. IV, p. 433) donnerait quelques explications sur ce
procès, je n'y en ai point trouvé.

Procès contre le comte de Mortain Robert de Vitré. — Vers ce
même temps encore le nouveau comte de Mortain, Robert
de Vitré, prétendit aux patronages de Helleville et Biville. D'où
un procès « au cours duquel (1120) le comte fit autant qu'il en
« aurait et qu'il serait nécessaire cession de ce droit audit abbé
« de Marmoutier en la personne des prieur et religieux dudit lieu
« d'Helville. » Ceci résulte de la charte même donnée par Robert
à cette occasion et présentée en 1526 par Christophe du Moussay,
soutenant aux assises de Valognes un procès que nous raconterons
plus tard. Malheureusement ce titre ne nous est point parvenu,
toutefois le texte du jugement en rapporte le fragment que nous
venons de citer.

Confirmatur du duc roi Henri Ier. — Mais voulant à la suite de
toutes ces difficultés déterminer et assurer leurs biens et leurs
droits, les religieux de Marmoutier en demandèrent une confirmation au duc roi Henri Ier : confirmation qui semble avoir été faite
exclusivement pour Héauville et ses appartenances, d'où on peut
conclure que Guernesey faisait encore partie de la gestion de nos
prieurs : nous avons déjà vu Raoul en traiter les affaires et le
document suivant serait une nouvelle preuve de cette dépendance.

Voici de cette charte une « copie collationnée à l'original par
« François Baudet lieutenant général de M. le bailly de Touraine
« le 21 février 1524. »

« *Henricus rex Anglorum et dux Normannorum episcopo Cons-*
« *tantiensi et justiciis et ballivis suis Normannie salutem. Sciatis*
« *omnes quod ego do et mea carta confirmo dona et eleemosynas quas*
« *venerabilis pater meus rex dedit deo et ecclesie beati martini*
« *majorismonasterii et ea que alii antecessores mei eidem ecclesiæ*
« *dederunt imprimis totum quod antecessores mei habuerunt in*
« *manerio de Hetrevilla et præsertim troufresvillam et quartam*
« *partem boeville cum ecclesia ejusdem ville et omnibus pertinentiis*
« *suis et septem partes de Hellevilla et ecclesiam et pertinentias suas*

« *et duas partes de Quetevilla et linguam integram balene in comi-*
« *tatu constantiensi et omnes tenueras Rannulphi presbyteri quas*
« *ipse concessit fratribus majorismonasterii, dedit scilicet dimidiam*
« *ecclesiam de Podiis cum pertinentiis suis et dimidium de Estou-*
« *bevilla et ecclesiam et omnes alias tenuras suas et sex ecclesias*
« *in insula de Grenerodio ecclesiam sancti petri portus et quoddam*
« *molendum in terris ejusdem ecclesie et ecclesiam sancti Samsonis,*
« *ecclesiam de la Bellousa, ecclesiam sancte trinitatis de forista,*
« *ecclesiam de Tortavalle, ecclesiam sancti Andree. Et omnia sicut*
« *hic scripta sunt precipio ut monachi majorismonasterii possideant*
« *bene libere et quiete*....... les trois lignes suivantes sont à moitié
« déchirées, on y lit cependant : *testibus Johanne epo Luxioriensi,*
« *Audoeni epo ebroiensi, Hugone archiepo Rhothom.* et au-dessous
« *S. H. regis Anglor.* ✝✝✝ »

« Henri (1) roi des Anglais et duc des Normands à l'évêque de
« Coutances et à ses justiciers et baillis de Normandie, salut. Sachez
« tous que je donne et confirme par ma charte toutes les donations
« et aumones que le roi mon vénérable père fit à Dieu et à l'église de
« Saint-Martin de Marmoutier, aussi celles de mes ancêtres, spé-
« cialement tout ce qu'ils possédèrent au manoir d'Hétreville et
« surtout Toutfresville et la quatrième partie de Biville avec
« l'église de cette même paroisse et toutes ses appartenances et
« sept parties d'Helleville et l'égise et ses appartenances et deux
« parties de Quéteville; et une langue entière de baleine au comté
« de Cotentin; et toutes les tenures du prêtre Ranulph, qu'il

(1) Henri Ier. — En mourant, le 8 septembre 1087, âgé de 61 ans, Guillaume
le Conquérant avait donné la Normandie à son fils aîné Robert, l'Angleterre à
Guillaume le Roux son second fils, à Henri le troisième seulement 5000 besans
d'argent et les biens de sa mère Mathilde. Le gouvernement de Robert Courte
Heuze fut funeste à la Normandie, aussi le roi d'Angleterre n'aurait eu guère de
peine à changer en possession absolue l'engagement que lui en avait fait son
frère pour subvenir aux frais de la croisade (1096), si la flèche de Gautier
Tyrel, sire de Saint-Pois (près Mortain) n'eut arrêté ses projets (2 août 1100).
— Guillaume le Roux mourait sans enfants : Henri, troisième fils du Conquérant, profitant de l'absence de son aîné recueillit la succession. Celui-ci revenu
de la Croisade, acceptant pour une somme d'argent le fait accompli, recouvra
en plus son duché. Ce fut pour peu de temps : poussé par des gens qui
espéraient profiter des troubles, Robert se brouilla avec Henri, fut battu à
Tinchebray, fait prisonnier (1106) et enfermé à l'abbaye de Rastingues, puis à
Cardiff où il mourut en février 1134; mais aussitôt après sa victoire le roi
avait réuni la Normandie à la couronne d'Angleterre.

« concéda lui-même aux frères de Marmoutier, à savoir : la
« moitié de l'église des Pieux avec ses appartenances et la moitié
« d'Estouboville et l'église et tous ses autres biens; et six églises
« dans l'île de Guernesey, l'église de Saint-Pierre du Port et un
« moulin sur les terres de cette église, l'église de Saint-Samson,
« l'église de la Bellouse, l'église de Sainte-Trinité de la Forêt,
« l'église de Torteval, l'église de Saint-André. Et nous ordonnons
« que les moines de Marmoutier possèdent librement et tranquille-
« ment tout ce qui écrit ici . . . .
« Témoins : Jean, évêque de Lisieux, Ouen, évêque d'Evreux,
« Hugues, archevêque de Rouen, signe du roi des Anglais
« Henri. ✝✝✝ »

Cette charte n'est pas datée, mais elle ne peut être antérieure à
la fin de 1130. En effet bien que Gislebert son prédécesseur sur
le siège de Rouen fût mort en décembre 1128, Hugues abbé de
Rastingues. qui signe notre confirmatur comme archevêque, ne
fut sacré que le 14 septembre 1130 et nous dit Robert de Thorigny (I, p. 184) il venait seulement d'être nommé *noviter electum*.
On ne peut pas plus croire cet acte postérieur à 1135 puisque
Henri Iᵉʳ mourut le 1ᵉʳ décembre de cette année. La date précise
doit être 1131, alors que les évêques souscrits à notre document
se trouvaient à Rouen pour recevoir le pape Innocent II (1) qui y
séjourna le 9 et 10 mai, après quoi Henri repassa en Angleterre.

L'évêque de Coutances auquel s'adressait la confirmation ci-
dessus était dès lors Richard de Brix qui ne semble pas s'être
trouvé à Rouen au passage du pape : peut-être était-il déjà malade
puisqu'il mourut en cette année 1131, Algaro lui succéda.

Biville, Helleville, Etoubeville et une portion des Pieux dépendaient donc de notre prieuré.

Pour Biville et Helleville nous aurons plus fois au cours de ces
notes l'occasion de le constater et pourtant M. Lecanu (2) nous dit
que « l'église de Helleville fut donnée à l'abbaye du Vœu par le
« duc roi Henri, mais on ne sait lequel, » c'est là surement une
erreur et jamais Cherbourg n'y a prétendu.

Quant à la moitié de l'église des Pieux, nos prieurs en ont joui

(1) Sur le conseil de saint Bernard, le Concile d'Etampes venait de reconnaître
Innocent pour pape et de rejeter Anaclet.
(2) *Hist. des Évêques de Coutances*, p. 551.

bien moins longtemps, s'il faut en croire Toustain de Billy (1) qui
nous dit qu'en « l'an 1231 Hugues de Morville, évêque de Cou-
« tances conféra *divinæ pietatis intuitu* le bénéfice des Pieux et
« de la manière que l'avait possédé Guillaume de Baubigny à
« Raoul clerc, *salvo tenore concilii generalis*, à la présentation de
« l'abbé et couvent de Cherbourg » auxquels cette portion aurait
été donnée quelques années plus tôt vers 1205 par Michel Murdrac,
seigneur de la Meurdraquière. C'est du moins ce qu'affirme le
même Toustain de Billy (2) et après lui M. Renault (3), M. Lecanu
appelle le donateur Roger des Monts et indique l'an 1229.

Comment, pourquoi ce patronage ne faisait-il plus dès ce
moment partie des possessions de Marmoutier? Je n'ai là-dessus
aucun renseignement et pourtant c'est bien cette portion qui est
donnée au Vœu, car l'autre appartenait à Saint-Sauveur, lui ayant
été aumônée par Néel-le-Vicomte suivant un notice de 1090 (4)
qui nous apprend que « Néel-le-Vicomte donna à cette abbaye
« Richard des Pieux avec son église et toute la terre qu'il tenait
« de lui. » Et le tout lui était resté car « Richard de Chiffrevast
« passa acte en 1323 avec Saint-Sauveur pour le règlement de
« leurs droits respectifs sur les foires et marchés du village et sur
« le patronage de l'église. Quelques années après Nicolas de
« Chiffrevast, élève des prétentions sur l'église des Pieux. Ce droit
« est pleinement reconnu et attribué à Saint-Sauveur par une
« lettre de Pierre de Bonneville tenant les assises à Valognes pour
« le bailli du Cotentin (5). » C'était donc certainement la portion
jadis patronnée par nos prieurs qui était échue au Vœu.

Fondation d'Héauville comme prieuré et comme paroisse. —
Estoubeville disparut de bonne heure en tant que paroisse, il n'en
est point question dans cet état de tous les bénéfices du diocèse
de Coutances avec le détail de leurs droits, redevances, etc.
appelé le « Livre noir » composé par l'ordre de Jean d'Essey

(1) *Hist. du diocèse de Coutances*, I, p. 363.
(2) *Hist. du diocèse de Coutances*, I, p. 332.
(3) *Annuaire de la Manche*, 1854, p. 64. — Lecanu, ... *des Évêques de Coutance.*, p. 550,
(4) M. Delisle, *Hist. de Saint-Sauveur*, pièces justificatives, p. 53.
(5) *Histoire de l'abbaye bénédictine de Saint-Sauveur* par M. Lerosey (p. 265), qui renvoie pour prouver son dire au n° 4901 du fonds français de la bibliothèque nationale, *Index cartarum*, p. 59.

de 1251 à 1278. N'était-ce point cette disparition que prévoyait Ranulph lorsqu'il permit de rattacher sa donation à Helleville déjà constitué en paroisse ou au domaine d'Hetreville qui n'avait pas d'église, mais où les moines se proposaient déjà d'en fonder une en y réunissant une partie de Quéteville et de s'y établir eux-mêmes.

Il est à remarquer en effet que si le nom d'Héauville a été quelquefois écrit dans ces notes, il l'a été par nous, mais que jamais il n'a été cité dans les actes produits jusqu'ici : les moines de Marmoutier dans leurs notices parlent toujours d'Helleville comme chef-lieu de leurs possessions dans le domaine qui nous occupe. Ne semble-t-il pas nécessaire d'en conclure que Héauville n'existait encore ni comme nom, ni surtout comme paroisse. Il ne s'agit nulle part de son église, qui pourtant aurait dû être comprise au moins dans la confirmation de Henri Ier comme celles de Biville, Helleville, Estoubeville et des Pieux.

Les religieux de Saint-Martin se sont donc d'abord établis à Helleville auprès de l'église déjà existant ou qu'ils bâtirent et desservirent. Plus tard, une centaine d'années après la première fondation les moines quittèrent Helleville, choisirent un emplacement commode, sain, bien placé au centre de leur domaine, élevèrent l'important prieuré dont on voit encore aujourd'hui une partie des maisons destinées à loger les quatre cinq ou six religieux qui y vivaient ordinairement; les communs durent aussi être considérables pour répondre à l'étendue de l'exploitation. Surtout tout à côté du petit monastère, ils bâtirent une chapelle, où, comme dans toutes les abbayes et tous les prieurés conventuels jour et nuit retentirent longtemps les louanges de Dieu, chapelle qui peu à peu devint église paroissiale, quand ces moines eurent groupé autour de leur nouvelle demeure des vassaux à qui ils partagèrent et donnèrent en fiefs beaucoup de leurs terres; gardant toutefois pour eux-mêmes une part encore considérable à défricher et à cultiver.

L'origine d'Héauville comme paroisse remonte donc à la fin de la première moitié du douzième siècle. Le plus ancien de nos titres qui en cite le nom est un document semblant l'original d'un rescrit de Henri II encore duc de Normandie, le voici :
« *Henricus dux Normannorum et comes Andegavensium Richardo*
« *consta·tiensi episcopo et Thome de Haïa suo archidiacono salutem.*

« *Mando robis et precipio quod permittatis abbatem majorismonas-*
« *terii et priorem de Heauvilla tenere in bono et pace libere et*
« *quiete et juste omnia sua tenimenta et omnes suas decimas et*
« *nominatim suam de Torfresvilla sicut melius et liberius et*
« *quietius tenuerunt tempore Henrici regis et tempore patris mei et*
« *et prohibeo ne in placitum ponantur nec coram me vel coram mea*
« *justicia de Cesarisburgo et apud Barbofluctum.* »

« Henri duc des Normands et comte des Angevins à Richard,
« évêque de Coutances et à Thomas de la Haye son archidiacre,
« salut. Je vous mande et vous ordonne de laisser l'abbé de Mar-
« moutier et le prieur de Héauville jouir en tout bien, en paix,
« librement, tranquillement et justement de tous leurs tènements,
« de toutes leurs dîmes et nominativement de celle de Toutfres-
« ville, comme ils en ont joui le mieux, le plus librement, le
« plus tranquillement au temps du roi Henri et de mon père : de
« plus je defends qu'on les oblige ès plaids ni devant moi, ni
« devant ma haute justice de Cherbourg. Donné à Barfleur. »

Ce rescrit n'est pas daté, mais il est sûrement au plus tôt
de 1152, au plus tard de 1154. Pour le prouver faisons un peu
d'histoire.

D'abord ce Henri était fils de Geoffroy Plantagenet et de
Mathilde, fille du duc roi Henri Ier, mariée une première fois (1110)
à l'empereur Henri V et qui devenue veuve (1125) avait épousé le
comte d'Anjou (1127). Les Normands l'appelaient « l'empéresse »
à cause de son premier mariage. Le prince royal Guillaume, son
frère ayant péri (1120) dans le naufrage de la Blanche-Nef à
Barfleur, elle était devenue seule héritière légitime de Henri Ier et
quand elle fut veuve de l'empereur, son père la fit reconnaître et
lui fit jurer fidélité comme future reine d'Angleterre et duchesse
de Normandie, par les évêques et les grands vassaux des deux États.
Elle eut de Plantagenet trois fils Henri (1133), Geoffroy et Guillaume.

Or Henri Ier étant mort (1135) son neveu Etienne, comte de
Boulogne, grâce à son courage et au trésor de son oncle qu'il saisit
aussitôt et distribua à propos, se fit couronner roi d'Angleterre.
Tandis que le comte d'Anjou au nom de sa femme s'emparait de
la Normandie après une suite de luttes longues et sanglantes,
Mathilde passa la mer et commença contre Etienne cette guerre,
qui avec des alternatives de victoires, de défaites et de paix
relative dura jusqu'à l'accommodement de 1153.

Cependant Geoffroy portait le titre de duc de Normandie : ce
ne fut qu'en 1150 (1) qu'il le remit avec le gouvernement du
duché à Henri, son fils ainé, auquel en mourant (7 septembre 1151) (1) il donna encore l'Anjou, ne laissant à Geoffroy son
second fils qu'un tout mince domaine. Guillaume était comte de
Mortain.

Ce fut donc seulement à la fin de 1151 que Henri put prendre
les titres qu'il porte dans le rescrit cité plus haut. D'ailleurs c'est
aussi en cette année 1151 (2) que mourut Algare, évêque de Coutances, et cet acte est adressé à Richard de Bohon son successeur

De plus cette ordonnance fut donnée à Barfleur. Or Henri, duc
des Normands et comte des Angevins, vint à Barfleur en
juin 1152 (3) alors qu'il venait . jouter à ses états le Poitou et
l'Aquitaine en épousant Éléonore dont Louis le jeune, roi de
France s'était si maladroitement séparé. Henri se crut assez puissant
pourchasser Etienne du trône d'Angleterre : il assembla une
armée à Barfleur et se disposait à passer la mer, quand il apprit
que le croyant déjà parti, Louis VII, Eustache fils du roi Etienne,
Henri comte de Champagne et même son frère Geoffroy s'étaient
par avance partagé ses terres du continent et se mettaient en train
de les conquérir. Henri part aussitôt, leur fait tête partout, les
force à la paix et en décembre 1152, il était revenu à Barfleur
pour reprendre la campagne interrompue.

Dès les premiers jours de 1153 (4), il débarquait en Angleterre,
où Etienne qui d'ailleurs venait de perdre son fils Eustache, fut
vite forcé de reconnaître Henri comme son héritier légitime. Toutefois le duc revint en Normandie seulement vers le mois d'avril
1154 (5).

Ce fut donc dans un de ces trois passages à Barfleur que Henri
envoya à l'évêque de Coutances l'ordonnance en question, plus
probablement, me semble-t-il, en décembre 1152 ou janvier 1153; car en 1154 je ne sais s'il rentra par Barfleur. Il y revint
bien en décembre pour repasser en Angleterre, après la mort

(1) *Robert de Thorigny*, I, p. 253.
(1) *Robert de Thorigny*, I, p. 256.
(2) *Robert de Thorigny*, I, p. 257.
(3) *Robert de Thorigny*, I, p. 261.
(4) *Robert de Thorigny*, I, p. 271.
(5) *Robert de Thorigny*, I, p. 283.

d'Etienne (novembre 1154) mais quoique non sacré, il était roi et en eut pas le titre.

Je ne sais quelles prétentions de l'évêque et de son archidiacre avaient provoqué ce rescrit aux termes si nets et si péremptoires. Richard de Bohon, dont la famille avait des possessions dans la Hague, pouvait s'y trouver en désaccord d'intérêts avec le prieur d'Héauville; peut-être même comme évêque pour procurer des revenus suffisants à ses curés séculiers. Toujours est-il que le prieur gagna son procès.

Les La Haye possédaient aussi des terres dans le pays et même à Helleville, car en 1150, lorsque Richard de la Haye de concert avec Richard, évêque de Coutances et Raoul, cinquième abbé de Lessay, fonda le monastère de Saint-Michel-du-Bosc (auprès de Blanchelande, sur les confins de Varenguebec et de Lithaire), premier couvent de femmes bâti en Cotentin, il lui donna, suivant Toustain de Billy (1) entre autres biens, dix acres de terre et la dîme de son moulin de Helleville. Suivant une autre charte (2) existant aux archives de la Manche et citée par M. Dolbet, cette donation aurait été faite par Guillaume d'Orval, mais ce Guillaume appartenait à la même famille étant fils de Renaud d'Orval et de Murielle, fille et héritière de Robert de la Haye (3).

RICHARD??

Depuis longtemps assurément, Raoul avait cessé d'être prieur d'Héauville? Quel était-il au moment où nous sommes arrivés? — Peut-être ce Richard (de Halvilla) que l'on voit figurer avec Robert (præfectus de Fulchervilla) aux assises de Carentan en 1155, comme témoin d'un accord entre l'évêque de Coutances

(1) *Histoire du diocèse de Coutances*, I. p. 225.
(2) Note à la même page de Toustain de Billy.
(3) Les La Haye qui avaient probablement une commune origine avec les Tesson et les Néel descendaient dès lors de Raoul sire de la Roche-Tesson, un des gouverneurs de Richard I. — Cette famille se divisait en deux grandes branches, les Reviers de Vernon, Néhou, Golleville, Sainte-Colombe, Magneville, Colomby, Sainte-Mère-Eglise, puis les La Haye partagés en plusieurs branches très riches, La Haye-du-Puits, Saint-Germain-sur-Ay, La Haye-Pesnel, Moyon, La Haye-Hue, La Haye-Bellefond, Blanchelande, Laroque-Saint-Georges, Sainte-Opportune. (R. Séguin *Histoire militaire des Bocains*, pp. 121 et 122. — M. de Gerville, recherches. — *Mém. des antiq. de Normandie*. V. p. 188).

Richard et Robert, abbé du Mont-Saint-Michel, à propos d'un moulin situé à Sainte-Mère-Eglise (1).

Mais une chose certaine, c'est que Toustain de Billy commet une erreur, lorsque faisant l'histoire de Guillaume de Tourrebu (1182-1200) qui avait succédé à Richard de Bohon, il cite parmi les archidiacres de cet évêque Raoul et Richard d'Héauville, puis il ajoute : « leurs ancêtres, étaient les fondateurs du prieuré « de ce nom. La famille est éteinte, il y a longtemps : les biens « en sont en la maison de Thieuville-Bricquebost (2). » Il n'y eut jamais de famille du nom d'Héauville et les prieurs furent toujours seigneurs de cette paroisse jusqu'en 1562, que la sieurie fut vendue et devint propriété d'la famille Le Bourgeois (dont nous parlerons bientôt), d'où par alliance elle passa aux Thieuville.

Du reste M. de Gerville (3) nous donne une autre leçon de la même charte où il n'est nullement question de ce nom de famille; le curé du Mesnil Opac avait sans doute mal déchiffré.

Toutefois si le même Toustain de Billy nous avait donné au complet l'acte d'échange suivant, auquel il assigne la date de 1165, nous eussions peut-être été fixés sur le nom du prieur d'alors : « Sachent tous ceux à qui parviendra le présent écrit, « que moi Thomas de Gorges, chevalier, j'ai cédé à l'abbé et au « couvent de Marmoutiers pour le tenir en perpétuelle aumône, « tout le tènement que moi et ma sœur Emma, épouse de Pierre « la Foidre, possédions dans la paroisse d'Héauville, en échange « du tènement qu'ils m'ont donné et assigné dans la paroisse de « Biville, excepté mes moulins et (clavandis). De plus pour cet « échange j'ai abandonné toutes les redevances, toutes les cou- « tumes et les services auxquels j'avais droit sur le prieuré « d'Héauville (4). »

Ce Thomas de Gorges devait appartenir à la famille de Bohon. Quant à Pierre la Foidre son beau-frère, peut être habitait-il Auderville, où l'on trouve encore une terre de ce nom un peu au-dessous de l'église.

(1) *Robert de Thorigny*, II, p. 241.
(2) T. de Billy, *Histoire des Évêques de Coutances*, I, p. 287.
(3) Note de M. Dolbet, à la page 287 du t. I, de l'*Histoire des évêques*, par T. de Billy.
(4) Voir le latin, même ouvrage, I, p. 240.

Puisque nous sommes si près de Jobourg, disons en passant, que ce fut vers cette année 1165 que Richard Heusey ou de la Heuse et Guillaume Carbonnel donnèrent à l'abbaye du Vœu cette paroisse qui devint un prieuré cure et bientôt aussi Herqueville.

Peut-être la même année Eudes de Sottevast aumôna à Cherbourg l'église de Sainte-Marie de Vasteville, qui à la demande expresse de Henri II, lui fut confirmée par Richard, évêque de Coutances et par Rotrou, archevêque de Rouen dans la même charte que la précédente. Ainsi les domaines de Sainte-Marie de Cherbourg touchèrent à ceux du prieuré d'Héauville et les intérêts se mêlant nécessiteront souvent des arrangements entre les deux maisons.

Dans le même temps encore pour le voisinage, Richard de Bohon confirma à Saint-Vigor de Cérisy le prieuré de Saint-Michel-du-Mont de Vauville avec tous ses biens qui comprenaient les églises de Vauville, de Digulleville, d'Éculleville, la moitié de celles d'Urville et de Sainte-Croix-Hague. Ce petit monastère avait été « fondé du temps d'Algare par Richard de Vauville (1). »

En face de toutes ces donations, de ces richesses abandonnées partout comme ici à des abbayes par les anciens souverains et les seigneurs pour assurer la présence des moines au milieu de leurs possessions et de leurs vassaux, nos contemporains se scandalisent, s'étonnent au moins et se demandent la raison de cet empressement. C'est que autrefois comme aujourd'hui les communautés religieuses étaient des foyers de science et de lumière, des écoles de dévouement où l'on ne pensait suivant les leçons de Saint-Benoît (2) « qu'à prier pour soi et pour les autres, à visiter, « soigner les infirmes, à soulager les pauvres, à consoler les « affligés, à subvenir au prochain dans la tribulation, tout en « rapportant à Dieu, non à soi le bien dont on est l'instrument » et faisant connaître, aimer ce Dieu et cette religion qui forment des êtres si utiles, si bienfaisants. La science, la charité, la sainteté des moines, telles furent les raisons qui les firent tant rechercher autrefois par nos ancêtres qui ne croyaient jamais avoir assez

(1) Voir la charte citée par T. de Billy, *Hist. du diocèse de Coutances*, I, p. 231, où une note de M. Dolbet nous apprend qu'un cartulaire de Vauville existe aux archives de la Manche.

(2) Saint-Benoît, *reg.* chap. IV.

payé leurs services. Pourquoi faut-il qu'aujourd'hui les mêmes
bienfaits, les mêmes vertus ne trouvent que contradictions!

DEUXIÈME PARTIE

LES PRIEURS CONVENTUELS

Cette deuxième partie s'ouvre par une lacune de près d'un
siècle dans l'histoire intime de notre prieuré d'Héauville. Durant
ce temps des évènements considérables pour notre province
s'étaient accomplis : Henri II, Richard Cœur de Lion étaient
morts et Jean Sans Terre, après le meurtre de son neveu Arthur,
s'était vu confisquer ses domaines de France! Le roi Philippe-
Auguste, mettant aussitôt à exécution la sentence des pairs, avait
envahi la Normandie, qui, à la suite d'une lutte peu sanglante, fut
réunie à la couronne (1202-1204), environ trois cents ans après
avoir été cédée à Rollon. Dès lors notre Cotentin vécut d'une paix
profonde sous Louis VIII et saint Louis, quoique la guerre portât
parfois ses ravages sur d'autres points de la France.

MARTIN

Première visite d'Eudes Rigaud 1250. — En 1250, Louis IX,
qui avait entrepris la cinquième croisade, était prisonnier en
Egypte. C'est en cette même année que l'archevêque de Rouen,
Odon ou Eudes Rigaud, entreprit pour la première fois de visiter
les maisons religieuses de sa province.

Cet Eudes Rigaud, appelé par saint Louis (1248) au siège archi-
épiscopal de Rouen, était un religieux de Saint-François, un frère
mineur. Désigné à cette charge importante à cause de son seul
mérite, il ne tarda pas à devenir l'ami, le conseiller écouté du
roi. Ce fut, paraît-il, sollicité par les évêques eux-mêmes qu'il
entreprit ces visites dont il nous a laissé un journal si fidèle. Zéla-
teur ardent de la discipline ecclésiastique et monacale, il essaya
de réprimer les abus nombreux qui s'y étaient introduits à la
faveur des désordres inhérents à l'état de guerre presque conti-
nuelle, qui avait désolé la Normandie jusqu'à sa réunion à la

couronne. Ses prédécesseurs n'avaient pu ou osé l'entreprendre.

Entré au Cotentin par le Mortainais, l'archevêque remonta vers le nord du comté en visitant les principales églises et maisons religieuses. Voici le procès-verbal de sa venue au prieuré d'Héauville : « Le 8 des calendes de septembre à Héauville nous avons « été reçu aux frais du prieuré. Là sont deux moines de Marmou- « tier. Nous leur avons demandé s'ils récitaient ensemble l'office « divin; ils ont répondu qu'ils le récitaient ensemble et dormaient « dans le même appartement. Ils se servent de matelas. Interrogés « s'ils se confessaient, ils ont répondu qu'ils le faisaient l'un à « l'autre.

« Ils n'ont pu rendre compte de l'état de la maison, parce que « le prieur était nouveau et n'y avait pas encore demeuré quatre « jours. »

Ce qui est fort désagréable pour nous, qui aurions été mieux renseignés sur les revenus. Peut-être les religieux étaient-ils contents d'avoir ce prétexte; autrement il eut été facile pour eux de rendre le compte demandé. Quoiqu'il en soit ce nouveau prieur s'appelait Martin.

Livre noir. — L'année qui suivit la première visite d'Eudes Rigaud, fut rédigé en présence de l'évêque Jean d'Essey et après une enquête rigoureuse, le « Livre noir » dont nous avons déjà parlé. Il fut revu en 1278 pour les revenus.

Voici ce qu'il dit d'Héauville et des autres paroisses dépendant du prieuré :

« *Eglise d'Héauville.* Le patron est le prieur du lieu, qui perçoit « toutes les gerbes, excepté sur le territoire d'Equelon et de « Quetteville (1), où le recteur perçoit toutes les dîmes avec la « moitié de l'autelage (2), sauf pour la cire que le prieur perçoit « toute avec l'autre moitié de l'autelage et vaut pour le vicaire « trente livres (3).

(1) C'est-à-dire sur la partie de Quetteville comprenant les hameaux Bigard, la Paillière, Carpentier : l'autre partie de ce domaine appartenait à Helleville.

(2) Ou casuel.

(3) Vers ce temps là, le sou tournois valait 1 fr. 0198
            le sou mançois . . . . . 2 fr. 0396
            le denier tournois. . . 0 fr. 0849
            le denier mançois . . . 0 fr. 16996
(*Des revenus publics en Normandie au XII siècle*, par M. L. Delisle).
La livre tournois valait à peu près 5 francs 88 de notre monnaie, le marc

« La débite épiscopale dix sols. »

Puis au folio 45 « au prieuré de Héauville l'évêque est reçu,
« perçoit et vaut pour la dîme... »

La débite était une imposition de moins de vingt sols que les
curés payaient alors à l'évêque; un peu plus tard elle passa à la
charge des fabriques et servait à l'entretien, à la réparation de
l'église cathédrale.

« *Eglise de Biville*. Le patron est le prieur d'Héauville qui per-
« çoit toutes les gerbes sur son fief; sur le fief aux Guraiz le prieur
« perçoit deux gerbes, le recteur la troisième; sur le fief aux
« Lardon l'abbé de Cherbourg perçoit la moitié des gerbes, le
« recteur perçoit l'autre moitié et la dîme entière sur les autres
« fiefs avec l'autelage et vaut pour le recteur quarante-cinq livres
« et pour le prieur qui est exempt vingt livres. »

« *Eglise de Helleville*. Le patron est le prieur d'Héauville qui
« perçoit deux tiers des gerbes du lin et du chanvre, le recteur
« perçoit l'autre tiers avec l'autelage et les aumônes, et vaut pour
« le recteur vingt-quatre livres et pour le prieur d'Héauville qui
« est exempt vingt-quatre livres.

« La débite épiscopale sept sols (1). »

Les curés de Biville et d'Héauville étaient des heureux du
temps, leur revenu étant relativement considérable. Il est vrai
que malgré leur titre de vicaires perpétuels, ils sont curés, tandis

---

d'argent 8 livres 10 deniers variant un peu et atteignant parfois la valeur de
55 de nos francs. (Lecanu, *Hist. des évêques de Coutances*, p. 261. — Dupont,
Hist. du Cotentin, I, p. 414). En 1210 le denier tournois était à peu près le
douzième de notre franc, puisque six deniers valaient, valeur ordinaire,
2 grammes 1/2 d'argent fin. (Vte d'Avenel, *Hist. économique de la propriété*,
I, p. 27 et 62).

La livre Parisis valait 8 marcs d'argent, elle augmenta même au xiiie siècle
puisqu'elle égala le marc d'or, bien qu'en ce temps là l'argent eût avec l'or le
rapport de 1 à 9. — Mais en France au moyen-âge on ne frappait pas de
monnaie d'or : la seule connue consistait dans les besans (bysantins) qui
valaient trois livres et avaient été apportés de Constantinople par les croisés.
(R. Seguin, *Hist. archéologique des Bocains*, p. 5).

Toutefois à cette valeur intrinsèque du métal monnayé, s'ajoute la valeur
extrinsèque ou relative par rapport au prix de la vie, la puissance d'achat qui
au xiie et xiiie siècles était au moins six à huit fois supérieure à celle
d'aujourd'hui.

(1) Extraits collationnés à la copie de l'évêché de Coutances, par M. E. Fleury,
vicaire de chœur à la cathédrale.

que les vicaires de cette époque étaient les remplaçants des titulaires qui leur payaient quinze livres seulement (1) : somme suffisante alors, paraît-il, pour la subsistance d'un prêtre bien portant; s'il était malade ou infirme, il lui fallait moins encore! En effet, plusieurs historiens citent une sentence de Hugues de Morville, condamnant les moines de Cherbourg à nourrir et entretenir comme l'un d'eux le vicaire perpétuel du Mesnil-au-Val, devenu perclus, ou bien à lui payer six livres tournois de rente annuelle.

Deuxième visite d'Eudes Rigaud. — Cependant Eudes Rigaud persuadé de l'utilité de ses visites et voulant faire un usage de cet essai isolé et tout personnel recommença sa tournée en 1256. Les prieurés avaient sans doute reçu des instructions plus nettes à cet égard; aussi en certains endroits, il éprouva une résistance légitime d'ailleurs, qui a presque scandalisé quelques historiens de notre époque.

D'abord à Héauville le x des calendes de juin. Il y fut reçu, mais les deux moines qu'il y trouva refusèrent de répondre à ses questions. L'archevêque leur fit néanmoins quelques remontrances; sans doute, pour pouvoir en conscience toucher les six livres sept sols neuf deniers que les religieux consentirent à payer sa visite.

Écoutons maintenant Eudes Rigaud nous raconter lui-même sa journée du lendemain : « Le xi des calendes de juin à Héauville.
« Nous avions mandé à Thomas prieur de Sainte-Héleine et à
« Martin prieur de Saint-Germain-à-la-Hague de recevoir notre
« visite et de nous donner l'hospitalité, suivant leurs moyens; or
« le mardi d'avant l'Ascension du Seigneur, ces prieurs comparant
« devant nous à Héauville nous déclarèrent, qu'ils n'étaient tenus
« ni à être visités par nous ni à nous recevoir, parce que jusqu'à
« ce jour aucun archevêque de Rouen ne les avait visités et n'avait
« été reçu par eux; qu'il en était de même des évêques de Cou-
« tances. — Cette déclaration faite, les deux prieurs jurèrent, sur
« leur parole de prêtres, de dire la vérité et ils répétèrent ce qu'ils
« venaient d'affirmer, ajoutant que Gilles, jadis évêque de Cou-
« tances, ayant enjoint au prieur de Sainte-Héleine de recevoir
« sa visite et de lui donner l'hospitalité, le prieur refusa absolu-
« ment. Et Jean actuellement évêque de Coutances ayant une

(1) Statuts synodaux de Robert d'Harcourt, art. iv.

« fois demandé au même prieur de lui apprêter sa maison pour y
« manger et y coucher à ses propres frais, le prieur refusa encore
« absolument et l'évêque demandant pourquoi il lui refusait
« l'hospitalité, il répondit qu'ainsi à l'avenir on ne pourrait
« affirmer qu'il avait reçu l'évêque à visite et à *procuration*.

« Cela dit ils s'en remirent à notre volonté et à nos ordres.
« Étaient présents : Martin, prieur d'Héauville; Robert Lesor,
« chanoine de Coutances; P., archidiacre...; R. de Sapon, cha-
« noine de Rouen; le seigneur Raoul de Bohon, personnat (1)
« d'Hauville ou Héauville : les frères H. et W. et notre clerc Morel. »

Eudes Rigaud, à la discrétion duquel s'en remettaient les deux
prieurs, ne crut point devoir passer outre; ils étaient exempts, il
n'insista pas. D'ailleurs lui aussi étant religieux connaissait parfaite-
ment les privilèges accordés par les papes à un grand nombre
d'ordres, d'abbayes et à leurs dépendances; il savait les censures
sous lesquelles tombent leurs violateurs : « Quiconque archevêque
« ou évêque, empereur ou roi, comte ou vicomte, magistrat ou
« juge soit ecclésiastique ou laïque aurait la témérité d'enfreindre
« ce présent décret d'immunité que nous vous accordons, serait,
« après trois monitions canoniques, privé de sa puissance, dignité
« et honneur, exclu de la communion au corps sacré et au sang
« de notre Dieu et Seigneur Jésus Christ; et tomberait au juge-
« ment dernier sous le coup de la vengeance divine (2). »

Il est probable que les religieux de Saint-Germain-sur-Ay ne
jouissaient pas des mêmes immunités, car eux aussi avaient d'abord
refusé d'être visités, mais, l'archevêque ayant lancé ses censures,
ils s'étaient soumis.

Les deux prieurés de Saint-Héleine et de Saint-Germain-à-la-
Hague ou Saint-Germain-des-Vaux dépendaient de la même
abbaye, Cormery en Touraine. Sainte-Héleine était situé à Osmon-
ville-la-Lucas ou la Petite, communément appelé Saint-Martin.
Cette maison avait été fondée par un seigneur d'Orglandes de la
famille de Vernon « à qui le prieur devait ainsi qu'à son prévost
« ou sergent des logements et des lits, de l'avoine pour leurs che-
« vaux et du pain pour leurs chiens : ils pouvaient se servir du

(1) Le personnat fut la première forme de la commende. Il était titulaire du
bénéfice, en percevait les fruits et faisait acquitter les charges par un vicaire.
— Ce fut aussi une dignité dans certains chapitres.
(2) Paschal II, epist. XXVIII; *Patrologie latine* CLXIII col. 17.

« cheval du prieur pour porter leurs contraintes sur les tenans
« noblement de cette baronnie et aux terres de la Haye; ces droits
« avaient été retenus par le fondateur (1). » « Ce prieuré avait
« une chapelle et il était considérable (2); » « il payait 60 livres
« de décimes. (3). »

Celui de Saint-Germain n'en payait que trente-huit. Son église
autrefois paroissiale était, comme le prieuré, située à l'endroit
appelé *la vieille église*, l'actuelle ayant été construite sur l'emplacement de la chapelle Sainte-Pernelle. Le prieur dîmait Saint-Germain en entier, une partie d'Auderville et même quelques cantons
de Jobourg; ce qui amena (1315) la dissension entre Cormery et
Cherbourg représentés par les prieurs réciproques, à Saint-Germain Gervais David et à Jobourg Bertrand du Pré. Guillaume de
Tournebu 48e évêque de Coutances à qui ils en appelèrent décida
« que toutes les dîmes des blés et des légumes, qui sont au-delà
« de l'église ou monastère de Jobourg, avec l'autelage de toute
« cette paroisse, demeureraient au prieur de ce lieu de Jobourg
« et que les dîmes, qui sont en deçà de la même église, seraient
« pour le prieur de Saint-Germain; en sorte que le chemin qui
« va de Jobourg à Auderville serait les bornes de ce que chacun
« de ces prieurs devrait avoir (4). »

Bienheureux Thomas Hélye. — L'année qui suivit le deuxième
passage d'Eudes Rigaud, mourut au château de Vauville (5) le
19 octobre 1257 un saint prêtre, Thomas Hélye. Dès le lendemain,
au milieu d'une grande affluence de peuple, son corps fut porté à
Biville, sa paroisse. Or Jean d'Essey, né dans le diocèse, peut-être

(1) Rich. Seguin, *Histoire archéologique des Bocains*, p. 191.
(2) *Recherches historiques* de M. Demons, manuscrit du Grand Séminaire.
(3) M. Lecanu, *Hist. des évêques de Coutances*, p. 547.
(4) Demons, manuscrit déjà cité, p. 89. — Toustain de Billy, *Histoire du diocèse de Coutances*, II, p. 118.
(5) Château fort dont on voit le donjon, assis encore au pied des collines, non loin de la mer et assurément des mieux placé pour arrêter un débarquement en cette plage si facile. Cette petite forteresse avait été bâtie par un membre de la maison de Bricquebec, aux descendants duquel elle appartint longtemps. — Vauville fut pendant plusieurs siècles un centre assez important et posséda un marché que fréquentaient les paroisses de la Hague. — Un peu au nord du château, à un kilomètre du rivage sur un promontoire élevé, se dresse encore le vieux prieuré dont la charmante chapelle construite à la fin du XIIe siècle est presque intacte.

à Varenguebec, longtemps chanoine, archidiacre et depuis 1250 évêque de Coutances, avait dès lors connu, admiré, honoré ce saint personnage, successivement écolâtre de Cherbourg, brillant étudiant à Paris, prêtre et missionnaire. Il l'avait vu pendant vingt-deux ans parcourir les diocèses de Coutances, Avranches, Bayeux et Lisieux semant partout la bonne doctrine et les miracles, guérissant les âmes et les corps! C'est pourquoi aussitôt la mort de Thomas Hélye, l'évêque de Coutances commence à rassembler les documents nécessaires à la canonisation de ce saint prêtre et les envoie à Rome le 4 janvier 1259 par Honoré, vicaire du grand autel de la cathédrale.

Ce délégué revint bientôt avec une commission chargeant Jean d'Essey de l'enquête pontificale. L'éminent évêque s'adjoignit Raoul des Jardins, prieur des Frères Prêcheurs de Coutances et un autre personnage, qui semble avoir été le Clément dont nous reparlerons tantôt. Cette enquête dura en deux fois jusqu'à 1274.

Troisième visite d'Eudes Rigaud. — La commission était donc en plein travail quand l'archevêque de Rouen Eudes Rigaud revint une troisième fois visiter le diocèse (1266). Il entendit de nouveau parler de ce saint missionnaire, que sûrement il connaissait au moins de réputation, avec lequel, il est vraisemblable qu'il se soit rencontré au cours de ses voyages. Jean d'Essey dut même communiquer à l'archevêque les résultats acquis de son enquête. Il était alors tout naturel qu'Eudes Rigaud eût le plus vif désir de s'agenouiller sur le tombeau d'un si saint prêtre.

C'est animé de ces sentiments qu'il arriva à Héauville le IV des calendes de septembre. Il y trouva quatre moines, les reconnut pleinement exempts et se contenta d'être hébergé.

Là aussi il entendit proclamer la sainteté et la gloire de Thomas Hélye. Le prieur Martin l'avait connu presque sept ans et certainement avait su l'apprécier, l'aimer comme tous ceux qui eurent le bonheur d'en approcher. De plus, lui-même était un des privilégiés sur lesquels s'était exercée la puissance de son saint ami; voici ce que nous en raconte Clément un des membres de la commission d'enquête : « Martin, prieur d'Héauville, moine de l'ordre de « Saint-Benoît, avait la goutte au bras droit. Il invoqua le « Bienheureux Thomas, promettant d'entretenir à ses frais un « ouvrier, pour travailler à la nouvelle église que l'on construisait

« à Biville, afin d'y transférer son corps (1). Martin ayant accompli
« sa promesse, la goutte disparut pour longtemps. Plus tard il en
« eut encore quelques attaques, qui cessaient dès qu'il faisait
« cette prière : O saint Thomas, ne savez-vous point ce que
« j'éprouve? » Ce fut vers 1260 que notre prieur fut ainsi guéri,
puisque en 1261 le corps du Bienheureux fut transporté dans
la chapelle bâtie pour le recevoir; c'est le chœur actuel de Biville,
construit, suivant la tradition, presque complètement aux frais de
Saint-Louis. C'est là que vint prier l'archevêque de Rouen : « Le
« v des calendes de septembre, dit-il dans son journal (2), nous
« allâmes par la grâce de Dieu, au tombeau du Bienheureux
« Thomas de Biville, par les mérites duquel le tout-puissant
« Seigneur Jésus-Christ opérait grand nombre de miracles
« éclatants. »

L'illustre prélat, qui rendait au Bienheureux un témoignage si
explicite, n'était pas seul à visiter le glorieux tombeau, les pèlerins
y accouraient de toutes parts, *ex diversis orbis climatibus*, dit Clément, qui écrivit vers 1275 cette vie latine retrouvée, collationnée,
éditée par M. Léopold Delisle (3) et où nous avons pris le récit de
la guérison du prieur Martin, parmi cinquante et un miracles qui
sont rapportés dans ce très authentique résumé des enquêtes de
Jean d'Essey. Malheureusement la mort de cet évêque arrivée
en 1274 retarda de longs siècles la reconnaissance canonique de
la sainteté de Thomas Hélye. Il n'en continua pas moins ses pro-
diges, et le peuple son culte !

Deux fois en 1620 et 1699 on reprit la cause, mais l'heure de
Dieu n'était pas encore venue! et le culte du Bienheureux ne fut
officiellement confirmé par Rome que le 14 juillet 1859. Depuis
lors les peuples continuent de venir nombreux visiter, en pèle-
rinages particuliers, paroissiaux et même régionaux, les restes du
saint prêtre. C'est pourquoi « Biville est une paroisse qui tient un
« rang à part, vraiment illustre dans les annales du diocèse de
« Coutances....... elle a depuis tantôt sept siècles le privilège de
« fixer l'attention, d'exercer une sorte d'attrait irrésistible et de

(1) D'abord inhumé au cimetière près de l'église.
(2) *Journal des visites d'Eudes Rigaud* publié en 1852, p. 555.
(3) Voir les *Mémoires de la Société académique de Cherbourg*, année 1861,
pp. 203 à 238.

« constituer dans notre contrée comme un centre de religion et
« de piété (1). »

Cette place à part parmi les paroisses réclamait une situation
exceptionnelle. Assurément les curés de Biville avaient toujours
vaillamment travaillé à la gloire du Bienheureux, avaient toujours
été de vigilants et sûrs gardiens de son tombeau, mais Thomas
Hélye était surtout un missionnaire; il convenait donc que
d'autres missionnaires vinssent s'établir là et puiser, auprès des
reliques de leur saint prédécesseur, le même zèle pour la gloire
de Dieu et le bien des âmes. Mgr Germain l'éminent et si regretté
évêque de Coutances, le comprit et fonda en 1882 ce nouveau
poste (2), duquel depuis ce moment partent sans cesse des prêtres
remplis de l'amour du divin crucifié, qui vont parcourant nos
villes et nos campagnes se dévouer sans mesure au salut de leurs
frères.

Reprenant même une autre œuvre du Bienheureux, tentée par
plusieurs anciens curés de Biville, quelques-uns de ces missionnaires se sont fait professeurs d'une école apostolique (3) d'où
sont sortis des prêtres déjà nombreux (4).

Et maintenant reprenons notre histoire particulière. Aussi bien
d'ailleurs parler de Biville dans l'occasion, même un peu longuement, n'était pas s'écarter du sujet, puisque le prieur d'Héauville,
patron de Biville, fut mêlé à la vie et au culte du Bienheureux
Thomas, qui de plus était né au hameau Gardin sur les terres du
prieuré, dont ses parents furent sûrement tenans.

Martin était encore à Héauville vers 1271, c'est en effet à ce
temps, d'après le contexte de Clément, qu'on peut reporter sa
dernière déposition sur le miracle pour ainsi dire chronique,
dont il était l'heureux sujet. Nous ne connaissons point son
successeur immédiat.

(1) Mgr Germain, *Lettre pastorale du 26 septembre 1882.*

(2) Les premiers missionnaires furent les RR. PP. Bonhomme, supérieur, et
Houlgatte qui y sont encore. Vinrent ensuite avec eux : MM. Léonor Pagny
actuellement curé-doyen de Saint-Pierre-Eglise; P. Lemaître, curé-doyen de
Beaumont-Hague; P. Quesnel, missionnaire apostolique, etc.

(3) Fondée et encore dirigée par le R. P. Coquoin.

(4) Les Sœurs de la Miséricorde de Saint-Sauveur-le-Vicomte y ont aussi
fondé, sous les auspices des missionnaires, une belle hôtellerie et un florissant
pensionnat.

PIERRE SALEMON ou SALMON

Le premier dont nous trouvions le nom après Martin est Pierre Salemon, qui paraît dans l'acte suivant : « A tous ceux qui ces « lettres verront nous Jehan Lempérière, garde du scel de la « viscomté de Valoignes, salut. Sachez que devant Michel... fut « présent Raoul Letanneur escuier de la paroisse de Vasteville « lequel recognut, confessa qu'il a quittey et delessié afin d'héri- « tage à jamais à frère Pierre Salemon prieur de la prieuré de « héauville et à ses successeurs à cause de la prieuré et à cause « de paiement de trois quartiers de forment et xxvii boissel « d'avène ce que le dit Raoul tient en fieu (du dit prieur d'Héau- « ville) sur Guille Leroy de Héauville que le père audit Raoul « avait tenu... de l'abbey et couvent de Saint-Sauveur-le-Viscomte « par conséquence d'une fiève qui avait estey faite sur le heritage « audit Guille Leroy..... pour les clos qui ensuivent cest assavoir « sur trois vergées de terre assisses au fossey Leroy contre Colin « Maessent d'un costey... trois vergées de terre au maner Richer « constre Colin Maessant et Pierre Leissant, sur trois vergées en « pland contre Andrieu et Jehan Hane, l'an mil trois cent vint et « sept le lundi avant la feste saint ···m. »

GUERRE DE CENT ANS

L'année qui suivit cette cession de Raoul Letanneur, vit mourir Charles IV le Bel, roi de France, dont la succession servit de pré- texte entre l'Angleterre et la France à cette guerre de cent ans, qui aurait mené notre pays à la perte de sa nationalité sans l'inter- vention évidente de Dieu suscitant Jeanne d'Arc. Crécy, Poitiers, une foule de défaites, la guerre civile, le pillage, la misère, la ruine partout ! à peine une éclaircie sous Charles V et le mal revenant plus intense encore sous Charles VI, tel est le bilan de ce siècle de malheur pour notre pauvre patrie.

Jeanne de Belleville. — Parmi les épisodes de cette guerre si longue et si douloureuse pour notre Cotentin, un des plus curieux et peut être des moins connus est le suivant raconté par

M. Couppey (1), pour qui un ami en avait extrait les détails des archives manuscrites du ministère de la Marine. Ce ne sera point ici un hors-d'œuvre, puisque Héauville, comme tout le sud est de la baie, courut à ce propos un grave danger. L'autre partie était alors défendue par le château de Vauville.

Dans un moment de paix entre la France et l'Angleterre, mais pendant la guerre entre Jean de Montfort et Charles de Blois pour la succession de Bretagne, le comte de Salisbury justement irrité contre le roi Edouard le quitta pour s'attacher au roi de France et « communiqua à ce dernier les projets d'Edouard et divers « papiers et correspondances desquels il résultait qu'Olivier de « Clisson, un grand nombre de seigneurs bretons et Godefroy « d'Harcourt, possesseur de nombreux domaines dans le Cotentin « et dans le reste de la Normandie, avaient fait alliance avec le « roi d'Angleterre. Cette alliance allait-elle jusqu'à favoriser son « ascension sur le trône de France, ou seulement jusqu'à pousser « Jean de Montfort plutôt que Charles de Blois à la dignité de « duc de Bretagne? C'est ce que nous ne pouvons savoir, puisque « les pièces qui furent communiquées à Philippe de Valois n'ont « été publiées nulle part : ce qui est certain, c'est ce que ce der- « nier monarque fit de sa propre autorité arrêter Olivier de Clisson « et quatorze autres seigneurs bretons, et sans autre forme de « procès, en vertu du droit qu'il s'attribuait de rendre la justice « en personne, en sa qualité de roi, il les fit décapiter aux halles « de Paris; le corps mutilé d'Olivier de Clisson fut suspendu au « gibet de Montfaucon et sa tête portée par un courrier à Nantes, « où elle fut mise au bout d'une pique sur une des portes de la « ville.

« Olivier de Clisson laissait une veuve, Jeanne de Belleville, et « et un fils nommé Olivier, âgé de 12 ans. A la nouvelle de sa

(1) *Annuaire de la Manche de 1844*, p. 371. — M. Couppey, né à Négreville près Valognes, longtemps juge au tribunal civil de Cherbourg, écrivit de nombreuses pages d'histoire locale dans l'*Annuaire de la Manche*, et dans les publications de la Société académique de Cherbourg. On lui doit aussi plusieurs études fort érudites sur l'ancien droit criminel en Normandie, des articles sur le Bienheureux Thomas, sur ses ornements conservés à Biville et sur l'église de cette paroisse, etc. C'était donc à bien juste titre, que le 1er mai 1855, M. Noel, directeur de la Société académique, déplorait la perte de ce savant « si long-temps secrétaire de notre Société et toujours un de nos plus laborieux collaborateurs. »

« mort, accompagnée de circonstances si cruelles et si ignomi-
« nieuses, cette veuve conçut le projet d'une atroce vengeance.
« Elle confia d'abord son fils au roi d'Angleterre, puis dépouillant
« les habits et les mœurs de son sexe..... elle arma trois petits
« vaisseaux pour exercer la piraterie dans les mers et sur les
« rivages des provinces françaises.

« En octobre 1343, elle prit un bâtiment français qui se rendait
« de Caen à Honfleur; l'équipage fut massacré et le bâtiment
« brûlé. Quelques jours après et dans les mêmes eaux, elle en saisit
« deux autres : les hommes des équipages furent tous pendus
« aux vergues, sans exception ni merci, puis les navires aban-
« donnés, les voiles déployées, à la merci des flots et des vents.
« Elle brûla encore des navires dans les rades de Fécamp, de
« Tréport, sur les côtes de la Picardie et massacra impitoyable-
« ment tous les gens qui étaient à bord. D'autres fois elle descen-
« dait à terre et incendiait les bourgs et les campagnes. Philippe
« de Valois, instruit de ces ravages, confisqua tous ses biens et
« ceux de son mari, ce qui ne fit que redoubler sa fureur.

« Au mois de février 1344, elle opéra une descente près
« d'Arromanches, sur les côtes du Bessin. La petite garnison de
« Bayeux, soutenue par les paysans armés de haches, de fourches,
« de fléaux et autres instruments d'agriculture, vint à sa rencontre.
« Cette femme intrépide, à la tête de trente hommes seulement,
« résista pendant longtemps; mais forcée de céder au nombre,
« elle se rembarqua, après avoir laissé quelques morts et blessés
« sur la place.

« Au mois de mars de la même année : elle débarqua à
« l'improviste entre la Hougue et Barfleur, et pendant deux jours,
« ravagea et incendia le beau pays du Val-de-Saire. Elle dédaignait
« de voler   elle tuait et brûlait seulement. Les malheureuses vic-
« times de cette aveugle rage de vengeance étaient-elles donc la
« cause même éloignée, même indirecte, de la mort de son mari?

« La pointe de la Hague eut son tour : la comtesse de Clisson
« s'arrêta un jour avec ses trois navires dans l'anse de Vauville;
« la vue de deux gros bâtiments français à l'horizon lui fit prendre
« le large, mais ce ne fut que pour un temps. A la fin d'avril,
« elle débarqua au Rosel avec deux cents hommes, et parcourut
« les campagnes sans trouver de résistance, promenant partout

« le massacre et l'incendie. Elle brûla entièrement un bourg
« situé sur un lieu élevé; ce doit être le bourg des Pieux ou le
« village de Flamanville.

« Le roi de France sentit enfin la nécessité d'arrêter ces ravages
« continuels et envoya à cet effet quelques vaisseaux sur les côtes
« de Normandie. La crainte de rencontrer enfin des forces supé-
« rieures, peut-être aussi la satiété des crimes, détermina Jeanne
« de Belleville à désapareiller ses bâtiments et à rejoindre au
« château de Hennebon une autre amazone, la comtesse de Mont-
« fort qui continuait à soutenir avec bravoure, quelquefois avec
« succès, la cause de son mari contre les forces de Charles de
« Blois et du roi de France. »

D'ailleurs Jeanne de Belleville abandonnant la lutte laissait sa
vengeance en bonnes mains. Impliqué avec Guillaume Bacon,
Richard de Percy et Jean de la Roche Tesson dans l'affaire d'Olivier
de Clisson, Geoffroy ou Godefroy d'Harcourt s'était, plus heureux
que ses coaccusés, réfugié auprès d'Édouard en 1345. Un an après,
le 16 juillet 1346, servant de guide au roi anglais, il débarquait à
Saint-Waast-la-Hougue et pendant dix ans il lutta souvent vic-
torieux contre son suzerain; puis en 1356 il périt dans une escar-
mouche au passage des Veys. — Pour porter des coups plus
décisifs au reste de la puissance française dans nos quartiers,
Geoffroy venait de s'entendre avec Charles le Mauvais, lui aussi
fort puissant dans le pays. C'est qu'en effet tout le comté de
Mortain avec Cherbourg cédé en 1317 à Jeanne de Navarre appartenait à ce Charles le Mauvais son fils, qui même, pour un temps,
en avait abandonné le nord au roi d'Angleterre son allié contre
la France. Heureusement Charles mourut en 1386 et son fils
Charles le Noble s'engagea à rendre Cherbourg au roi Charles VI,
aussitôt que les Anglais le lui auraient remis; ce qui arriva en
novembre 1390. En 1400 ils essayèrent de le reprendre; ils ne
purent que brûler les faubourgs. En 1405 ils revinrent encore
ravager le Val-de-Saire et bien que les marins normands leur
rendissent de temps en temps la pareille en pillant à leur tour
les côtes d'Angleterre, le château de Cherbourg, tout fort qu'il
fut, devait, pour éviter toute surprise, être toujours occupé par
une nombreuse garnison. Les bourgeois coopéraient de leur mieux
à sa défense, mais il semble que les paroisses environnantes ou
du moins certains fiefs du pays étaient tenus d'y prendre part.

C'est ce que tendrait à prouver la pièce suivante où nous retrouvons en 1413 le nom d'un prieur d'Héauville.

GÉOFFROY DE STAY

Entente du prieur d'Héauville et de Jehan Dubois lieutenant de Cherbourg pour Georges de la Trémouille. — « A tous ceux qui ces
« letres veront ou oront Jehan Rioulan (1) dict Pelerin clerc garde
« du scel des obligations de la vicomté de Valoignes salut.....
« entre noble home Jehan Dubouys escuier lieutenant du cappi-
« tainne des chastel et ville de Cherebourg d'une partie et frère
« Guiffray de Stay licencié es lois, priour du prioré de Héauville
« d'autre partie par respon et à cause que ledit lieutenant préten-
« dait que les homes dudit priour fussent contraints faire guet et
« garde es ditz chastel et ville de Cherebourg et le dit priour pour
« ses respons prétendait (le contraire?) finallement savoir faisons
« que par devant Philippin Le Prael (ou Pratel) clerc tabellion
« juré en la dite visconté comis au siège dudit lieu de Cherebourg
« furent présentz lesditz lieutenant et priour qui confessent avoir
« fait pour eulx le present appointement come il en suit tant
« pour le temps avenir que pour les deffaulx dont ledit lieutenant
« prétendait adjuger sur les homes dudit priour pour quatre moiz
« passez à cause des paroissiens de Héauville homes dicelluy
« priour..... que ledit priour laisserait et livrerait en la main
« dudit lieutenant la some de sept livres douze soulz six deniers
« tournois par aussy que ycelluy priour yroit ou envoyroit devant
« la toussaint par devant mons de la tremoille cappitainne es ditz
« chastel et ville pour tacher a aver de luy son consentement que
« lesditz homes dudit priour soient et demourent quitez de franc
« guet et garde en yceulx chastel et ville de Cherebourg pour le
« temps avenir et estre dechargez desditz deffaulx passez et du
« temps qui poursuivra jusquez a la saint Michel prochain.....
« ledit lieutenant se tient et s'oblige sur tous ses biens meubles
« et héritages passez et avenir rendre et restituer ladite some de
« VII livres XII solz VI demers tournois et en cas que ledit mons

(1) M. Adam, qui a rencontré le même garde du scel dans un acte cité aux *Vieux curés de Valognes*, p. 10, le nomme Jehan Raulino dit Pélerin.

« de la Tremoille ne se vouldroit consentir à ce que dit est ledit
« priour demeure en toutez choses come a present.

« Fait l'an de grace mil quatre cens et treze le XXVIᵉ jour de
« septembre presents Phin le prael. Jeh de la Verenguiere (et un
« autre dont le nom est illisible. »

Au commencement de 1413 la capitainerie de Cherbourg appartenait à des Essarts, prévôt de Paris, personnage à l'allure peu franche dans les troubles du temps, paraissant attaché à Jean Sans Peur, duc de Bourgogne et tenant les Orléanais au courant de tous ses projets. Il devint ainsi surintendant des finances, trésorier de l'Épargne, grand maître des eaux et forêts. Il fut un moment l'idole du peuple et bientôt l'objet de sa haine, quand on s'aperçut que le duc de Bourgogne ne le soutenait que mollement. Assez heureux toutefois pour fuir, il courut s'enfermer dans le château de Cherbourg. Là il était en sûreté. Malheureusement pour lui le dauphin Louis, régent du royaume, brouillé avec Jean Sans Peur, son beau-père, rappela le surintendant à Paris et lui donna le gouvernement de la Bastille. Sur la parole du duc de Bourgogne, des Essarts eut la naïveté de rendre cette forteresse aux Cabochiens commandés par le nouveau prévôt Hélion de Jacqueville. Malgré la parole donnée, le malheureux surintendant fut jeté dans une prison, d'où la populace l'arracha pour lui trancher la tête, après un simulacre de jugement, vengeant à la fois l'inique sentence prononcée jadis contre Montaigu par des Essarts, alors l'âme damnée du Bourguignon et sa récente trahison envers le régent.

En nommant l'ancien prévôt au gouvernement de la Bastille, le dauphin avait donné la capitainerie de Cherbourg à un de ses favoris, Georges de la Trémouille. Il y avait donc peu de mois que ce seigneur jouissait de cette charge quand fut passé en son nom l'acte ci-dessus.

Mais il était moins dangereux de l'écrire à l'abri des murs du château de Cherbourg que d'aller à Paris le faire ratifier. A ce moment, en effet, le dauphin et sa cour étaient dans l'hôtel Saint-Paul prisonniers de Jean Sans Peur et de ses Cabochiens, qui venaient jusque là enlever au pauvre régent ses amis les plus dévoués, qui même, sans l'intervention personnelle du duc de Bourgogne, auraient massacré Georges de la Trémouille aux côtés de son maître. Bientôt, il est vrai, les Armagnacs appelés et sou-

tenus par le Dauphin reprirent le dessus à Paris, mais le calme
et la sécurité n'en furent nullement mieux garantis. Aussi, il est
à croire, que le sire de la Trémouille, suivant partout le prince
Louis si occupé par les factions, ne ratifia jamais le marché
conclu entre son lieutenant et le prieur d'Héauville. La guerre
reprit d'ailleurs avec les Anglais de nouveau débarqués en Normandie et Georges fut fait prisonnier à Azincourt (25 octobre 1415).
Le 18 décembre suivant mourut le dauphin Louis; son frère Jean
lui succéda et le suivit promptement dans la tombe (5 avril 1416);
tous deux successivement empoisonnés, dit-on, pour faire place
nette au futur Charles VII. Toutefois Jehan du Boys (1) ne garda
pas longtemps sa charge au nom du sire de la Trémouille puisqu'en 1418 Cherbourg avait pour capitaine Jean de la Haye-Piquet,
sieur d'Engennes, qui le défendit vaillamment pendant de longs
mois (2) et n'ouvrit les portes que le 22 août.

Le reste de la Normandie et presque toute la France était alors
au pouvoir de Henri V. Heureusement déjà était née celle que
Dieu allait bientôt envoyer pour « bouter dehors les Anglais. » A
ce moment, l'ancien capitaine de Cherbourg Georges de la Trémouille aura repris sur Charles, roi depuis 1422, l'ascendant qu'il
avait eu sur son frère aîné, sera devenu son chambellan et son
mauvais génie, le brouillant avec Richemont et faisant son
possible pour entraver l'œuvre libératrice de Jeanne d'Arc.

En attendant l'heure de l'intervention divine, dans le nord du
Cotentin, une partie des habitants s'étaient retirés dans les bois,
d'où organisés en bandes, ils firent contre les Anglais une guerre
de partisans sous les ordres d'un mystérieux personnage qui se
faisait appelé Mistoudin (3).

(1) On trouve à la fin x111e siècle une famille du Boys possédant le fief de
Montchaton (voir Renaut, *Annuaire de la Manche*, 1853, p. 44). — Noble
homme Jehan du Boys, sieur de la Fresnaye était gouverneur de la ville et
chasteau d'Avranches en 1594 (*Mémoires de la Société archéologique d'Avranches*,
XIII, p. 329, *Etude de M. de Tesson*). — Chamillard, pp. 36 et 37, cite deux
familles du nom de du Boys parmi celles de vieille noblesse, l'une portait :
d'argent à la croix fleurdelysée de sable; l'autre : *d'or, à l'aigle de sable becquée
et membrée de sinople*. La première habitait la sergenterie de Villiers (au Calvados actuel), la seconde Saint-Quentin près Avranches, Montpinchon et Dangy,
élection de Coutances.
(2) Les uns disent trois, les autres dix mois.
(3) M. Dupont, *Hist. du Cotentin*, II, p. 523 et M. Fagart, *Mémoires de la*

Livre blanc. — Mais avant d'aborder l'histoire d'un nouveau prieur, donnons les renseignements que nous fournit sur les dépendances de notre prieuré, le pouillé du diocèse appelé « livre blanc » et dressé sous l'épiscopat de Louis d'Erquerry, évêque de 1350 à 1370.

Héauville. — « L'abbé de Marmoutier est patron de l'église
« d'Héauville. Le recteur possède en aumône un manoir presbytéral
« qui contient une vergée de terre; il paie pour la chape de
« l'évêque, 15 sols et pour la tournée épiscopale, 3 sols. Il perçoit
« la troisième gerbe des blés et le tiers de la dîme des légumes
« de la dite paroisse.

« Le recteur paie pour la taxe de tricesime XXVI sols VIII deniers.
                id.   decime XL livres.
« Le prieuré paie : tricesime IV livres 17 sols V deniers.
        id.   decime 146 livres 2 sols.

Helleville. — « L'abbé de Marmoutier est patron de l'église de
« Helleville. Elle est taxée à vingt-quatre livres. Le recteur perçoit
« la troisième partie des blés et des lins, tous les autres fruits,
« toutes les autres dîmes. Et le prieur d'Héauville perçoit les
« deux autres parties des blés et des lins, excepté sur deux fiefs
« dans lesquels l'abbé de Montebourg perçoit ces deux parties des
« blés et des lins. Le recteur possède en aumône un manoir pres-
« bytéral qui contient tant en ce dit manoir qu'en dehors de lui
« dix vergées de terre. Il paie pour la tournée épiscopale trois sols
« et pour la chape de l'évêque quatre sols.

Biville. — « L'abbé de Marmoutier est patron de l'église de
« Biville. Elle est taxée à quarante-cinq livres. Le recteur perçoit
« deux parties de la dîme des blés et des lins, le prieur d'Héau-
« ville perçoit la troisième. Le recteur perçoit tous les autres
« fruits et les autres dîmes; il a en aumône un manoir presbytéral
« contenant tant en ce dit manoir qu'en dehors de lui un acre
« de terre.

« Dans cette paroisse se trouve une chapelle du Bienheureux
« Thomas; elle n'est pas dotée. Le curé en perçoit les revenus
« mais est chargé de lui fournir tout ce qui est nécessaire; elle

« n'a pas de patron. Le recteur paie pour la tournée épiscopale
« trois sous et pour la chape de l'évêque cinq sous (1). »

PHILIPPE DE VARENNES

Cependant si Mistoudin et ses gens furent terribles aux Anglais,
il ne paraît pas qu'ils aient voulu beaucoup de mal aux habitants
du pays, même à ceux qui reconnurent l'autorité des conquérants :
nous voyons, en effet, le prieur d'Héauville Philippe de Varennes (2)
solliciter et obtenir d'eux une délivrance du temporel de son
prieuré le 24 juin 1427. Le jeune Henri VI y est qualifié « roi de
France et d'Angleterre, seigneur d'Irlande (3). » Néanmoins le
prieur gère tranquillement sa maison, comme le prouvent ces
actes nombreux où nous le verrons agir à propos du domaine,
dont il avait été envoyé en possession par les Anglais.

Sur Héauville le domaine non fieffé était alors assez étendu et
devait approcher d'un millier de vergées, puisque d'après une

(1) Extraits collationnés à la copie de l'évêché de Coutances par M. E. Fleury,
vicaire de chœur à la cathédrale.

(2) La famille de Varennes avait été une des plus considérables du royaume
Anglo-Normand : sous Guillaume le Conquérant, Guillaume de Varennes était
un des grands justiciers d'Angleterre (T. de Billy, *Hist. des évêques de Coutances*,
I, p. 110), il signe la charte de fondation de l'abbaye de Sainte-Trinité de
Caen et lui donne même des terres à Anisy (*Extraits des archives du Calvados*,
par Lechaudé d'Anisy, II, p. 173). — Guillaume, comte de Varennes souscrit
la charte du duc Robert en faveur de l'abbaye Saint-Etienne de Caen et plus
tard le confirmatur accordé par Henri Ier de la donation faite par Rabel de Tan-
carville à Sainte-Barbe en Auge (1128) (*Mêmes extraits*, pp. 93 et 271). — En
1201, Robert de Varennes donne aux religieuses de Sainte-Marguerite-de-
Gouffern ou des Vignats (diocèse de Séez) six livres tournois de rente sur ses
terres de Secqueville (*Mêmes extraits*, I, p. 93). — Une branche de cette
famille était puissante en Angleterre sous Edouard ; en effet au commencement
du XVIe siècle nous voyons Jean de Varennes, comte de Surrey souscrire des
lettres patentes de ce roi en faveur de Sainte-Barbe-en-Auge, (*Extraits*, I,
p. 93). — Dans la nef de l'église du monastère de Saint-Sauveur-le-Vicomte on
lisait encore en 1703 sur une tombe : Cy git Jean de Varenne dit le Bacquier,
escuyer, natif de la vicomté d'Armagnac, archer des ordonnances du roy qui
trépassa le jour saint Martin d'esté l'an mil quatre cent soixante-dix. Priez
Dieu pour luy. (Manuscrit du fonds français, nº 4899, p. 174, Bibl. nat., cité
par M. Lerosey dans l'*Hist. de l'abbaye de Saint-Sauveur-le-Vicomte*, p. 179).

(3) Le sceau extrêmement endommagé semble pourtant avoir été aux armes
réunies de France et d'Angleterre.

enquête faite en 1510, au cours d'un procès, un des témoins accuse au prieur quatre cents vergées au « trans du Castillon. » Ce domaine *propre* s'étendait encore vers Riguelon, Quéteville et les confins de Vasteville; paroisse sur laquelle les terres non fieffées du prieur étaient considérables, comme le font soupçonner les actes d'échange et de fieffage que nous analyserons au cours des temps. Il en était de même à Biville, Helleville et Theurthéville.

Quant au domaine fieffé il était beaucoup plus étendu que l'autre, puisque la seigneurie de Helleville en son entier dépendait du prieuré d'Héauville et lui devait quinze livres de reliefs le cas s'offrant. A Biville ce domaine s'étendait des limites de Vasteville jusqu'au delà de l'église. Une partie formait une et même deux fieffermes, l'autre était divisée en vavassories de moindre grandeur, dont nous n'avons que quelques aveux. Ceux que nous possédons pour Héauville nous diront ce qu'y étaient les tenures du prieuré.

L'administration de Philippe de Varennes modifia un peu ce domaine : nous trouvons de lui en un seul jour le 28 février 1431 trois actes d'échange : « A tous ceux qui les présentes verront
« Jehan Fortescu chevalier garde des seaulx des obligations
« de la viscomté de Valongnes salut, scavoir faisons que par
« devant Jehan Guille tabellion juré au dict lieu fut present home
« religieux et honneste frère Philippe de Varennes, prieur du
« prieuré de Héauville qui confessa qu'il avait baillé quit et
« delessié affin dheritage par eschange à Thomas Ioste dud. lieu
« dheauville une pieche de terre assise à Vasteville contenant
« deux vergées joint dung costé à Thomas de Penitot daustre à
« Simon Ligier item ugne pieche de terre en manon rue des
« Champs contenant deux vergées otout dudit prieur et pour
« contre eschange ledict Thomas Loste a ce present en bailla
« quitta et delaissa..... ugne pieche de terre contenant deux
« vergées ou viron jouxte dung costé et butte dung but audict
« prieur d'autre coste a Guille Langevin, item une pieche de terre
« contenant deux vergées otout dudit prieur et sera le dict Thomas
« Loste quitte de tout droit sauf de gage plége (1). »

(1) Le gage plége était la réunion (en un endroit désigné quinze jours d'avance à l'issue de la messe paroissiale du dimanche par le prévot d'une seigneurie) de tous les tenans de cette seigneurie. Les deux principaux objets de cette assemblée étaient l'élection du prévot et la reconnaissance des rentes et charges féodales que ce prévot était chargé de recueillir et de faire exécuter. Le séné-

En second lieu Philippe de Varennes « eschange ung clos assis
« à Vasteville en hamel de Touffresville jouxte les hoirs de Jehan
« de Penitot et la terre de la Valette et ugne pieche de terre
« assise à la Valette » contre lesquelles Thomas de la Place de la
paroisse de Vasteville donne « ugne pieche de terre assise sur
« le clos des Vandifs contenant deux vergées ou viron jouxte
« Jehan de Campenon, escuier, et cinq soulz tournois de rente
« chacun an à la saint Michel en septembre et demeure ledict
« Thomas de la Place soumis a gage-plege. »

Puis c'est de nouveau Thomas Loste qui donne « audict prieur
« le clos Milleret contenant ugne vergées trois perques ou viron »
et reçoit en contre eschange deux pieches de terre contenant
« chaque une demi vergée la première au mullon trans le quemin
« du Hamel lautre au Vandif quittes de tout droict sauf gage
« plège. »

Fief Jourdan. — Le 19 décembre Colette du Gardin « deguerpie »
ou veuve de feu Jehan Moulin « advoue et recognait tenir ung
« tènement qui fust Jourdan contenant trois vergées et une mai-
« son dessus jouxte la terre du roy nostre sire, soullait tenir le
« Renaudet et d'autres terres es moustieres et soullait tenir le
« Caillot » le tout montant à six acres environ « et doibt à mondict
« seigneur tant moy que mes porchonniers deux paings de Gas-
« chon (1), deux guellines (2) à Nouel et deux sols tournois cha-
« cun an au terme Saint-Pol, reliefs, treisiesmes quand le cas
« s'offre. »

L'année suivante la même Colette du Gardin et son fils Martin
Moulin faisaient aveu du fief des Loges contenant « quinze acres
« ou viron en plusieurs pieches de terre et un mesnage seant
« dedans situées jouxte le lieu du roy et la lande Martin et en
« doibt ung bouissel de froument à Saint-Michel en septembre
« quatre paings de gaschon deux paings de maufer six guellines
« à Noel et vingt deux deniers de grenerie, etc. » Le prieur y est
« appelé à Jehan de Varennes mais c'est surement une erreur de

chal ou son lieutenant présidait et signait. — Une amende pouvant monter à
cinq sols était imposée aux hommes et tenans qui ne comparaissaient pas soit
personnellement, soit par procureur fondé *ad hoc.*

(1) Sorte de pain de froument fortement travaillé, compact, appelé ailleurs
pain brié.

(2) Poules.

« l'écrivain car le 4 juillet 1433 nous retrouvons le nom de Philippe
« de Varennes dans l'acte suivant :

« *Achat du Val-Picqueray*. — « Devant Jehan Jallot (1) clerc
« tabellion juré establi en siège de Néhou Jehan Anquetil escuier
« demeurant en la paroysse de Coulomby (2) lequel de son bon
« grey sans aucune contrainte cognut et confessa avoir vendu
« transporté du tout au tout quité et delessé affin dheritaige
« perpetuel tant pour luy que pour ses hoirs a venerable et
« discrepte personne frere Philippe de Varennes prestre et prieur
« de Héauville et à ses successeurs prieurs dudict prieure affin
« dheritaige a tous jours mais pour le temps advenir cest assavoir
« tout tel droit avec proprieté possession saisine seigneurie et
« relan comme ledict escuier povait avoir relancer poursuivre
« demander et a luy povait et devoit competer et appartenir
« en certains heritaiges assis tant en la parroisse de Tourque-
« teville, Helleville, Héauville qu'ailleurs en Val-Picqueray par-
« tout ou estant quelque part qu'il en ait audict Val-Picqueray
« ainsi que ledict Anquetil aistre possesseur et qu'il a accous-
« tumé de louer de bailli a ferme au temps passé endit Val-
« Picqueray sant seulement raver retenue en dit Val-Picqueray
« en aucune manière. Et fust ceste vente faicte par le prix et
« somme de dix-huit livres tournois » versées devant le notaire
au sieur Anquetil (3) qui engage tous ses biens comme caution.

(1) Les Jallot s'anoblirent par charte des francs fiefs en 1478, devinrent
seigneurs de Beaumont à la Hague, Gonneville, Gonberville, etc., ils portaient :
*d'azur au chevron d'argent chargé de trois merlettes de sable, accompagné de
trois trèfles d'or deux en chef et un en pointe*. — M. Drouet en parle longuement
pp. 325 et suiv., 352 et 398 de ses *Recherches historiques sur le canton de
Saint-Pierre-Eglise*.
(2) Colomby entre Valognes et Saint-Sauveur-le-Vicomte (Manche).
(3) M. Louis Drouet dans un ouvrage encore inédit sur le château de Tourlaville près Cherbourg nous apprend que les Anquetil possédaient bien avant 1400,
entre autres seigneuries, le fief Aubert-Lhermite chef terre de Tourlaville :
que Martin Anquetil le 15 juillet 1450 devant Cauvin tabellion aux Pieux,
donna cette terre pour dot à sa fille Luce en la mariant à Jean Lefort sieur de
Carneville (en Martinvast) et cela du consentement de Jacques Anquetil frère
de l'épouse, en présence de Colin Bazan seigneur de Gatteville, Colin Bazan,
son fils, et un Jehan Anquetil, official de Valognes, qui doit avoir été le ven-
deur du Val-Picqueray. Nous verrons bientôt Jacques Anquetil sénéchal de
notre sieurie d'Héauville, il devint aussi vicomte de Bricquebec, c'est le titre
qu'il prend le 2 décembre 1470 lorsque ayant recueilli la succession de sa sœur

Témoins : Estienne Le Cappon et Pierre du Gay. Fait à Golleville.

Le Val-Picqueray devait comprendre une partie du territoire des paroisses nommées dans l'acte, vers leurs frontières communes.

Quoiqu'il en soit l'administration de Philippe de Varennes était profitable au prieuré, en ce cas du moins; on ne pourrait peut-être point en dire autant de l'eschange par lequel « le desrain « jour de septembre 1436 devant Denis Larchier cler tabellion « juré comis et estably au siège de Saint-Germain-des-Vaux sous « Philippe Bonnet tabellion de Bricquebet » le prieur donne deux pièces de terre, une au manoir Richer contenant deux vergées 12 perches, l'autre « es sablons au dessus de la maison au monier » contenant quatre vergées contre une vergée douze perches aux Vandifs et cinq vergées 13 perches à la Marette-sur-Vasteville que lui cédait Symon Ligier « lequel dict « Symon ne paiera pas de campaux quoique la terre audict prieur « fust estimée plus chere mais se soumettra a obéissance de gage « plege à la cour. »

Le même jour un nouvel échange est fait avec Thomas Lhoste d'une trentaine de vergées de chaque côté tant sur Héauville que sur Vasteville, à la Houguette, au manoir Raoul des Camps jouxte Raol de la Roque, aux Vandifs et à la Marette. La terre cédée sera quitte de toute charge sauf « gage plége reliefs et treisiemes quand le cas s'offrira. »

Enfin le 15 octobre, Philippe de Varennes donne en trans de Toutfresville douze vergées à Étienne Lhoste qui lui en abandonne autant tout près du prieuré ou moustier. Opération avantageuse cette fois, puisque agglomérer les terres rend l'exploitation plus facile et moins coûteuse. C'est de cette administration le dernier acte venu à notre connaissance.

ROGER DE REVIERS

Ce fut encore un normand que les religieux de Marmoutier envoyèrent à Héauville comme prieur, Roger de Reviers de cette

Luce morte sans enfants, il vendit le fief Aubert-Lhermite à Macé Hieroesme ou Geroesme de la paroisse de Treauville. — En 1556, un Jean Anquetil était lieutenant du sénéchal de la seigneurie des Maretz appartenant à noble homme Jean de Grimouville. (*Annuaire de la Manche, 1885*, p. 82). — En 1666, des Anquetil habitaient Surtainville, ils portaient : *d'argent à trois feuilles de chêne de Sinople 2 et 1*. (Chamillard, p. 282).

grande famille (1) dont nous avons dit un mot plus haut. On trouve son nom pour la première fois le 17 mai 1442 dans un aveu rendu par Jehan Loste du lieu « ou tenement qui fust Mal- « herbe (2) des lieux terre et seigneurie de religieux homme et « honneste frère Rogier de Reviers. »

Fief Malherbe. — Ce fief contenait quatorze acres de terre en plusieurs pièces situées au hamel de la Rivière avec menage seant dedans, à la Roque, à la Malherberie; à la Lande se trouvait une autre maison. Jehan Lhoste (3) tenait comme « aisné, » d'ailleurs il tenait seul à cette époque « et confesse debvoir a mondict sei- « gneur le prieur pour chacun an de rente huit boissiaulx de « fourment mesure des Pieux (4) au terme Saint-Michel en « septembre, quatre deniers tournois de ferme a la Saint-Pol et « doy une journée de carue devant Noel et une apres quant ledit « prieur fait labourer et hercheur a ung cheval et en doy ung jouc « de beufs en moys de carey, service de prévosté a mon tour reliefs « treiziesmes quant le cas s'offre, service daler querir du pain, du « vin, de la moutarde, item service daller querir du scel a mon tour « auvecq les aultres homes en la vigille de la feste Saint-Jehan à « Barneville et doy service deider a tenir liau au bieu du moulin « de dessous en tant que a moy appartient et doy avoir pour carue « deux deniers tournois et pour lhercheur ung pain et le car « dung pain et ung prouvende davenne au cheval a la saison « dapres Noel au dit herchron et pour chacun des aultres services « deux pains ung blant et ung bis et pour le boys amener deux « foys a manger le jour du caroy et au vespre quant lon sen va « deux pains lung blant laultre bis ung cartier de fourmagge et « une foys a boire de chermoise sans gru et doibt ledict prieur « trouver car pour charryer ledict boys et doivent estre ses bœufs « au tymon dudict car en quel car il doibt avoir six couples de « bœufs et si icelluy car ront ou depiecche je le peux et doy lesser

(1) Je ne sais si cette famille est aujourd'hui éteinte, mais en 1666 on en trouvait encore des membres à Isigny, Chef du Pont et Coudeville (Chamillard, p. 231).

(2) Généralement ces petites vavassories portaient le nom du premier fieffateur.

(3) Ce Jean Lhoste et Guillaume son frère donnèrent en novembre 1450 par acte passé devant maître Nicolas Longuet, curé d'Héauville chacun quarante sous de rente à l'église de cette paroisse. — A ce moment la livre tournois valait 7 francs 44 de notre monnaie actuelle.

(4) 12 pots, je crois.

« en la plaiche et men aler quitte dudict service por icelle foys
« et doibt ledict prieur charger ou faire charger le boys en ledict
« car; item doy service dune fourque a faire le fain depuis quil
« est fauquié jusques a ce quil soit en mulon, pour lequel service
« de fain faire je doy avoir ung pain et icelluy qui faict le mulon
« deux pains ung blant et ung bis et doibt la carue dud. prieur
« aler devant pour rompre la première ret et son cheval pour
« debriser quant je doy herchier et doy avoir en la ramasse de
« fourment XVI pains blans et en la ramasse dorge XII pains bis
« et doibt le prevost avoir pour chacun service que il fait ou
« commande par a ung moyne ou religieux en lostel dud. prieur
« et doibvent estre lesdicts services fais entre deux solleils. »
Johan Lepelley lieutenant de Jehan Lemarchant (1) sénéchal
de la sieurie reçut et signa cet aveu.

Fief du Quesnoy. — En 1446 Fouquet Lecoustour de la paroisse
d'Héauville advoue tenir par foy et hommage du seigneur prieur
« le lieu du Quesnoy contenant treize acres deux vergées dix
« perques ou viron » et en doibt six souls et un denier tournois
au terme Saint-Pol, deux pains de gaschon, deux guellines à Noel
et les services ci-dessus énumérés, mais en plus « une journee à
« lis coper de la fouaille a chaufer le four a la faucille a la plate
« lande du quatillon et por icelluy qui cope la fouaille doibt ledit
« prieur de la pitanche selon le jour cher ou peson par a un des
« religieux dud. ostel. » Ce fief composé de terres en labour et
de prés était assis vers le Hamel-de-Riguelon et la Houguette.

Fief Maillart. — Dans les mêmes quartiers se trouvait le lieu
Maillart, que Fouquet Lecoustour reconnait tenir en ainesse du
chef de sa femme, qui lui avait apporté en dot les quatre acres de
terre dudit fief, pour lequel il devait « deux boissiaux de four-
« ment mesure des Pieux, deux pains de gaschon, deux guellines

(1) Ce Jean Lemarchant était seigneur de Sotteville (actuellement canton des
Pieux) il portait : *de gueules à une croix d'argent pommelée d'or, alesée de
3 besans d'or au bout de chaque branche.* — Vers cette époque Jehan Lemarchant fit l'acquisition du fief de Raffoville à Saint-Pierre-Eglise, ou son fils
Richard vint s'établir. (Voir l'histoire de cette branche dans M. Drouet,
Recherches historiques sur le canton de Saint-Pierre-Eglise, pp. 81, 85 et 92).
— Une autre branche de cette famille, dont les armes sont à peine modifiées .
*(de gueules à une croix d'argent pommelée d'or, cantonnée de quatre tréfles
d'argent)* possédait la seigneurie de Chavoy, vicomté d'Avranches, lors de la
recherche de Chamillard.

5

« de rente chacun an au temps de Nouel, » avec les services de
culture et de charrois attachés d'ailleurs à tous ou presque tous
les autres tènements d'Héauville et dont nous ne parlerons point
à chacun d'eux.

Fief Quatrehommes. — « Thomas Quatromes pour luy et ses
« nepveux fils de feu Jehan son frère confesse tenir par foy et
« homage du franc fieu terre et seigneurie d'Héauville sous reli-
« gieux home et honneste frère Rogier de Reviers religieux de
« l'abbaye de Marmoutier le tenement Quatrehommes contenant
« quatre acres ou viron assis vers Cabourg jouxte Andrieu Lebour-
« geois et le chemin du Moustier dont en doibt deux pains de
« gaschon et deux guellines de rente chacun an au tems de
« Noel, etc. »

Le gros de cet aveu est un des très rares qui ont conservé leur
sceau. Celui-ci porte : « *d'argent au chêne de sinople, soutenant
une merlette de sable.* »

Fief Henry Roumy. — Le même Thomas Quatrehommes et ses
neveux tenaient aussi le fief Henry Roumy de cinq acres en plusieurs pièces situées aux trans de Cabourg où les bornaient
Andrieu Lebourgeois, Raoul Colombel, Regnart et Marin dits
Moulin « et doibt audict prieur quatre boissiaux de fourment mesure
« de Héauville (1) quatre pains de gaschon, quatre guellines de
« rente aux tems accoustumés, etc. »

Fief dit es Messents de Blanchepierre. — Le plus important, le
plus explicite des gros d'aveu, qui nous soit parvenu, est celui-ci
concernant le fief de Blanchepierre. Nous ne pouvons résister au
plaisir de le citer in-extenso, tant les détails qu'il renferme nous
semblent intéressants et curieux, il fut rendu le 3 juin 1453 :
« Des fieux terre et seigneurie de religieux home et honneste
« frère Rogier de Reviers priour et seigneur du prioré de héau-
« ville en son franc fieu terre et seigneurie dud. lieu de Heauville
« noblement et franchement tenu a court et usaige et gage plège
« Ricard Symon tient advoue et confesse tenir par foy et hom-
« mage une ainesse du fieu es Messents de Blanquepierre contenant
« dix acres trois vergées et demie de terre en plusieurs piecches :
« la première piecche assise en hamel de Blanquepierre, une
« maison es maisient dessus estant contenant demi vergée ou

(1) La mesure d'Héauville était de quinze pots.

« environ jouxte la rue dud. hamel et Simon Bigard des costés
« but sur le dit Bigard au chemin de la fontaine dud. hamel.
« Item une pieche assise au Val Massieu contenant dix vergées
« ou en viron jouxte le..... de Vasteville et la commune de la
« mielle de hyauville, bute à Touffredoyt et sur ledit Ricart
« Symon, escuier. Item une pieche assise à la Houssaie contenant
« six vergées ou viron... Item une pieche essablons jouxte la
« terre qui fust Robert Loste et contient sept vergées bute au
« Vendif qui fust Guillaume Lemenant, item une pieche endits
« trans contenant deux vergées ou viron jouxte au vendif de
« dessous, item une pieche au quans de la rue contenant six
« vergées ou viron jouxte Symon dict Ligier, à la vente de Vaste-
« ville et à la voie tendant à l'église, le chemin dud. hamel
« passant parmi : item une pieche assise es sablons contenant
« six vergées ou viron..... item une pieche à la Roque Al quor-
« nelle contenant quatre vergées ou viron jouxte les hoirs Tho-
« mas de la Roque bute du creux au furet et a la mielle. Item une
« pieche en trans du creux au furet contenant une vergée ou
« viron jouxte les hoirs Guille Loste but au doyt des Marets. Item
« une vergée au quans de la rue jouxte Michel Moulin à cause des
« Menants et Symon Ligier bute a la voie du Moustier et au terme
« de Vasteville.
« Et en confesse devoir ledit aisné aud. priour ung boissel de
« forment de rente a la saint Michel de septembre quatre paings
« de gaschon quatre guellines au tems de Noel XIII deniers tour-
« nois de grenerie au tems de pasques, *passer la mai audit priour*
« *sen allant au Roy nostre sire;* et doibt une coruée de charue de
« vant Noel et une après et hercheure quant le priour fait labourer
« en son fieu de heauville et doibt aller la charue dud. priour
« devant a ouvrir la terre et pour herchier le cheval aud. priour
« doibt de briser la terre et doibt aver le cheval qui herche
« ung provende davoine a la tardive saison, item ung jouc de
« beufs au moys de caroy pour maitre au car dud. priour,
« auquel doibt aver six couples de beufs pour aller au caroy du
« boys et lequel boys led. priour doibt abastre et charger en
« dit car et doyvent estre lez beufs dud. priour au tymon
« dud. car et son varlet pour les mener estre là, et si led. car
« rond ou depiece on le peult loisser en la plaiche et sen aller
« quite diceluy service por icelle foys. Item doibt service de prey

« et de moulin en la compaignie des aultres hômes dud. priour :
« item a faire service d'une fourque pour aydier a faire le fain
« de puis le jour quil est fauquié jusques a ce quil soit en mulon
« et sauf se quil soit fauquié a plusieurs foys et doibt icelluy esné
« aydier a tenir leau au bieu du moulin de bas et doibt service a
« son tour quant ung des aultres hômes item de aller querir du
« scel a la vigille saint Jehan a Barneville en compaignie du
« prouvost montay sur le cheval audit priour et dun des aultres
« hômes dud. priour. Item service d'aller a son tour querir du
« pain et ausi du vin en boutaille et de la moustarde a Chierbourg
« ou aultres lieux accoustumés et se doyvent faire les dits services
« entre soulail levant et soulail recouchant moyennant les sallers
« qui deubs en sont par ledit priour cest assavoir pour chacune
« quarue ung pain blanc et ung bis auvecq un quartier de for-
« mage et une foys a boyre et me doibt ausi en bouisel de forment
« que saize pains blants et en bouisel de aultres blays que douze
« et pour aller carryer le boys en dit car lon doibt aud deux foys
« a *mangier a table mise* et au soir lon doibt aud deux pains un
« bis et laultre blant un quartier de formage et une foys a boyre
« de la chermoise sant gru et pour chacun service de fain fait
« pour jour lon doibt aud. ung pain blanc et une foys a boyre et
« pour cheluy qui fait le mulon doibt aud. deux pains blancs et
« deux foys a boyre et pour service de moulin ou bieu lon doibt
« aud. por chacune foys que lon yra lon doibt audit ung pain
« blanc et une foys à boyre et pour ledit service du scel quant on
« est retourne est pour ce deu par a ung religieux dud. priouré
« et pour service daller querir le pain et le vin on doibt aud. deux
« pains blancs et deux foys a boyre et doyvent lesdits services et
« chemin dicheulx estre fays savoir par le prouvost au tems dung
« jour naturel devant et pour chemin faire et mandement fait le
« dit prouvost sera admis a par a ung des religieux dudit priouré.
« Et oultre confessa ledit esné debvoir pour son dit fieu reliefs,
« treiziesmes et service de prouvosté quant le cas s'offre. Bailli
« par fin de tenement par Charles Symon fils dudit esné es pleds
« dud. seigneur tenus aud. lieu de héauville present Allain
« Leprestel lieutenant du senéchal de la sieurie, laquelle teneure
« fust prinse et recheue par iceluy..... le 3e jour de juing lan mil
« quatre cent cinquante trois. »

Remarquons d'abord la charge spécialement imposée à ce fief

de « passer la mai au prieur sen allant au roy nostre sire » qui permetterait de croire qu'au temps où cette terre fut inféodée, on trouvait à Héauville ou dans son voisinage immédiat des barques assez fortes pour procurer un sûr passage en Angleterre et que les Messents à qui elle fut donnée étaient une famille de marins (1) peut être de ces « esturmans » si fameux par leur hardiesse et leur habileté.

Pratique au temps des ducs-rois, cette charge de fief longtemps inutile avait retrouvé sa raison d'être depuis la nouvelle conquête de Henri V. Heureusement quand en 1453 fut rendu l'aveu cité, le roi d'Angleterre Henri VI était rentré dans son royaume, mais la Normandie n'en dépendait plus. Jeanne d'Arc avait été brûlée à Rouen (30 mai 1431) et véritable holocauste, sa mort avait servi de rançon à la France! La bataille de Formigny (15 avril 1450) et la prise de Cherbourg (12 août) avaient pour toujours délivré notre pays de la domination anglaise. La Guyenne elle aussi soumise en 1451, reperdue en 1452, fut bientôt reconquise (17 octobre 1453) et Calais seul resta à l'étranger.

Les autres parties de l'aveu nous montrent combien tout était réglé dans le service des fiefs au prieuré. Il ne pouvait y avoir de surprise, chacun sachant ce qu'il avait à faire, à recevoir et la façon dont on le devait traiter.

Ces sortes d'aveux par foy et hommage étaient dus non à la mort ou au changement de seigneur, mais seulement à la mort ou au changement des tenants, qui y inséraient leurs devoirs, mais aussi, avec un soin jaloux, leurs droits et, on le remarquera, ceux du prévost. C'est que chacun d'eux était susceptible de l'être à son tour, au moins parmi les tenants ayant masure sur le fief

---

(1) Leur nom qui s'écrivait primitivement « maisient ou maiseant » me semble d'ailleurs l'indiquer d'une façon bien nette, car « mai » est la vieille orthographe et la vieille prononciation normande du mot « mer » conservées encore dans notre patois : « sient ou seant » peut se traduire par « demeurant » et le nom entier signifier « gens demeurant ou vivant à la mer ». — Une famille de vieille noblesse portant ce nom et ayant pour blason : *de gueules à la croix d'argent, cantonnée de quatre trèfles du même,* habitait la Hague où on la trouvait encore en 1666 à Vasteville, Acqueville, Teurtheville, Virandeville; une branche habitait Couville et une autre Varouville. — Un de ceux de Vasteville s'établit à Clitourps vers 1680. — Si on veut bien le remarquer leurs armes sont absolument les mêmes que celles de la dernière branche des Lemarchant, qui avaient sans doute une commune origine avec nos Messents.

et même « dans les baillages de Caen et de Cotentin quand les
« aveux portaient cette charge les tenans ne pouvaient s'en
« exempter quoiqu'ils ne fussent point masuriers. » Charge peu
agréable consistant dans notre cas à faire pendant une année
« sur le fief la fonction et les diligences d'un sergent (1) sur les
« charges du seigneur; plus la cueillette des rentes. » Le prévost
remplissait encore auprès de la juridiction judiciaire en basse
justice du prieur, composée d'un sénéchal et d'un greffier, les
fonctions de nos huissiers contemporains auprès des juges de
paix (2).

Fief Symon. — Jehan Loste le 2 juillet 1455 advoue le lieu
Symon pour dix acres en plusieurs pièces de terre dont la « pre-
« mière de dix vergées est assise au hamel à Loste, les maison et
« mesnage dud. aisné seans dedans, » le clos de dessus quatre
vergées, le Regnart quatre vergées, la Cousture quatre vergées
dans les mêmes parages : le reste vers la Valette et la Houguette.
Il doit au « priour six boisseaulx de forment mesure dud. lieu de
« heauville, quatre pains de gaschon, quatre guellines chacun an
« de rente aux termes accoustumés, etc. »

C'est dans un aveu du même tènement rendu le 19 mai 1472 par
Jacquet Loste, que nous rencontrons pour la dernière fois le nom
de Roger de Reviers. Pierre Geroesme (3) avait remplacé Leprestel comme lieutenant du sénéchal.

PIERRE FÉRONNET

Le successeur de Roger de Reviers fut Pierre Féronnet dont le
nom parait dès le 16 juillet dans les aveux suivants de fiefs tenus

(1) Prédécesseur des huissiers modernes.
(2) Voir d'ailleurs la *Coutume de Normandie* de Pesnelle, I, pp. 122 et 107.
(3) Ces Geroesme, Hieroesme ou Jéroesme habitaient Tréauville, nous l'avons
déjà dit dans une note précédente. Pierre était frère de Macé et père de Nicolas
abbé de Lessay, un moment prieur d'Héauville. Jean que nous verrons pendant
de longues années lieutenant des sénéchaux de notre sieurie fut le fils de Macé
habitait Siouville sur un fief acheté en même temps que celui de Tourlaville,
vivait encore en 1531 et se qualifiait sieur de Tourlaville et de Saint-Jean-des-
Champs. M. Drouet (manuscrit déjà cité) nous apprend que Jean eut pour
héritier Nicolas Géroesme, mort avant 1553 et que les deux filles du dit Nicolas
mariées à Bricquebec se partagèrent sa succession.

de l'abbé et couvent de Marmoutier sous « religieulx hõmo et
« honneste frère Pierre Feronnet prieur et seigneur temporel de
« heauville » par Pierre Lebourgeois, qui était surement le plus
fort tenant de la paroisse : 1° *Le fief es Aulles ou Haulles* situé le
long de la rue de Cabourg et jouxte le lieu du Roy (tenu par le
même) contenait six acres ou viron en plusieurs pièces avec
menage séant dedans et devait « trois houissiaulx de fourment au
« terme Saint-Michel de septembre auvecq deux pains de gaschon,
« deux guellines à Noel et deux souls de rente, etc. »

2° *Le Brisay* contenait trois acres en plusieurs pièces situées au
village de Riguelon « trans le chemin du roy. » Pierre Lebourgeois
en devait deux pains de gaschon, deux guellines à Noel, etc.

3° Le tènement *Trois Testes* comprenant treize acres de terre
en plusieurs pièces assises au Housset avec un menage franc de
droits et vers Riguelon « jouxte le chemin du roy, le Brisay et les
hoïrs de guille Moulin » payait trois pains de gaschon et trois
guellines à Noel.

4° Auprès des deux précédents s'étendait à Riguelon le *fieu
Onfroy* en quatre acres sur le chemin du moulin; le tenant en
payait deux pains de gaschon, deux guellines à Noel, etc.

5° *Le Brocquet*, sept vergées sous Cabourg, auprès du fief des
Maretz : deux gaschons et deux guellines.

6° Le fief *au Goupil*, dont j'ignore la contenance, payait douze
deniers de ferme à la Saint-Pol.

7° Le *fieu du Mont*, de sept acres en trois pièces auprès de la
Rogerie, ès trans d'Héauville, le long du chemin sablonnier et
vers Vasteville devait trois pains de gaschon et trois guellines, etc.

Le sénéchal qui reçut ces aveux au nom du prieur était Jacques
Anquetil, escuier. Je ne sais précisément pas où il habitait, mais
surement dans le voisinage, puisque le sénéchal d'une seigneurie
devait demeurer sur le fief ou à trois lieux au plus de distance.
Toutefois Mre Jacques était en même temps vicomte de Bricquebec
et sénéchal d'Héauville.

Fief à Lhoste. — Ce fut encore devant lui que le 16 février 1473
Pierre Ligier confessait tenir tant par soi que par ses porchonniers
le fieu à Lhoste comprenant un menage et sept acres trois vergées
dix perches de terre situés au hameau de la Rivière, le long de la
ruette du moulin, le chemin sablonneux; à la Marette au voisinage
de Colin Ligier et de Richard Symon; au bord de Vasteville; enfin

« la Marette du Gardin assise auprès du presbitaire de heauville. »
Pour tout cela il payait « six boisseaulx de forment mesure des
« Pieux à Saint-Michel, cinq pains, autant de guellines à Noel et
« trois deniers de grenerie, etc. »

Fief du Houssé. — En 1480 ce fief contenait trois acres ou viron
et un mesnage, le tout situé au hamel de Queteville. Jehan Hame-
lin en tenait l'ainesse et une portion de puisné, tandis que Guille
Lefranc « en avait en la main la puinesse dite Pillon. » Ce tènement était moins chargé de services que les autres : il payait deux
sols à la Saint-Paul, deux chappons, aussi les reliefs, les treizièmes,
mais il n'était assujetti qu'au service de prévoté et « daller au sail
« à Barneville. »

Ce jour là les pleds de la sierie furent tenus en la maison de
Gauld Fortin par Pierre Leverrier sénéchal (1).

---

(1) Ces Leverrier étaient originaires des Moitiers d'Allonne. Hugues, fils de
Pierre, devenu avocat du roi, s'anoblit en 1544, s'engageant à cette occasion à
payer une rente à la ville de Valognes. Jean, fils de Hugues, par son mariage
avec demoiselle Françoise du Mesnil devint seigneur de Tocqueville, que son
arrière petit-fils Christophe échangea contre Réthoville avec Marie Jallot veuve
de Hervé Clérel le 7 aout 1664.

Chamillard nous signale une autre branche de ces mêmes Leverrier ayant
pour chef un second fils de Pierre, Guillaume, marié en 1529 à demoiselle
Jeanne Davy, d'où sortit Nicolas qui s'allia (Chamillard, p. 711) à la famille de
Jeanne d'Arc en épousant, 1556, demoiselle Denise Duchemin fille d'Isabeau
Regnaud et de noble homme Luc Duchemin sieur du Féron, de la Haulle, de
Semilly, du Mesnil-Guillaume, de Montbray, etc., conseiller du roy et maire
perpétuel de Saint-Lô, qui blasonnait : *de gueules au lion passant d'hermines.*

Les Leverrier de Tocqueville et Réthoville ne furent donc point alliés à la
famille de la Pucelle d'Orléans, mais seulement les descendants de Guillaume
par Nicolas.

Plusieurs autres familles de l'intendance de Caen et ce qui est plus intéressant pour nous, de l'élection de Valognes eurent aussi l'honneur de cette
alliance venue d'ailleurs de la même source.

Qu'on me permette, pour le prouver de rappeler brièvement une partie de
ce que les titres officiels, comme la recherche de Chamillard, l'armorial de
d'Hozier et autres documents authentiques en disent. — Jacques Lefournier,
escuier, receveur des tailles à Caen avait épousé Marie de Villebresme issue de
François de Villebresme et de Jeanne du Lys, fille de Pierre d'Arc, frère de la
Pucelle et de Jeanne de Prouville. Ce Messire Jacques Lefournier eut plusieurs
enfants, en autres Robert, baron de Tournebu et Jeanne Lefournier. Cette dernière épousa en premières noces le 18 juillet 1547 à Saint-Lô noble homme
Lucas Duchemin, escuier, sieur du Féron, dont sortit Luc père de plusieurs
enfants, parmi lesquels demoiselle Denise Duchemin citée plus haut et

PIERRE DUPONT

Au commencement de 1484 Pierre Feronnet céda sa charge où mourut, car le cinquième jour de juillet « devant Germain et « Guille Lepeley clercs tabellions jurés au siège des Pieux pour la « vicomté de Saint-Sauveur, religieux hõme et honeste frère

demoiselle Marie Duchemin, mariée en 1560 à Ursin Potier conseiller du roi aux présidiaux de Saint-Lô puis de Coutances; leur fils Jean Potier, seigneur du Mesnil-Eury et du Quesnay, épousa, 1591, demoiselle Jacqueline Julien dont la famille habitait Valognes et les environs; Jean Potier était en 1610 conseiller du roi au siège présidial de Cotentin, sa sœur Isabeau fut mariée (Chamillard, p. 574), à Pierre Brunet, sieur de Saint-Maurice, demeurant à Sainte-Mère-Eglise. — Jean Potier et Jacqueline Julien eurent plusieurs enfants parmi lesquels : 1º Pierre-Antoine, chevalier de l'ordre de Saint-Michel, seigneur du Quesnay qui épousa en 1633 demoiselle Catherine du Poerier et demeurait à Saint-Malo de Valognes; 2º Marie, mariée (4 novembre 1616) à son cousin Louis-Robert Duchemin, sieur de Sainte-Anne, fils du sieur de Brédoc Duchemin (d'azur à la fleur de lys d'argent). — Louis Duchemin et Marie Potier eurent aussi plusieurs enfants, dont : Pol ou Paul Duchemin, qui marié à Roberte de Brix s'était établi vers 1638 à Montaigu-la-Brisette et dont existent encore de très authentiques descendants.

D'ailleurs les alliances de la postérité de Luc Duchemin et de Jeanne Lefournier avec les meilleures familles du pays se sont multipliées; il suffit pour s'en convaincre de feuilleter la recherche de l'intendant Chamillard et aussi l'armorial de d'Hozier, où nous voyons entre autres vers 1710 deux filles de François Duchemin seigneur de la Tour, de la Haulle etc., lieutenant général civil et criminel au bailliage de Cotentin, dt à Saint-Lô, épouser : 1º Charlotte, J.-B. du Chastel, seigneur de Castillon, etc. : 2º Marthe, Pancrace Hellouin, sieur d'Ancteville, seigneur et patron de Barneville, Portlail, etc., bailli de Périers et un peu plus tard leur nièce Anne-Henriette Duchemin, épousait Anne Bon de Mary de Longueville, capitaine de cavalerie, demeurant à Longueville, près Coutances.

J'aurais pu, encore une fois, citer beaucoup d'autres de ces alliances et parler de celle des Lefournier, des Patris, des Ribault, des Bourdon, etc., aussi en l'intendance de Caen, ce serait trop long dans le cas présent.

J'ajouterai pourtant qu'il existe ici à Clitourps une famille Lamache dont un ancêtre, Jacques, prétendit, devant l'intendant Roissy, à la noblesse comme descendant d'un frère de Jeanne d'Arc et que Roissy ne le rejeta pas. « Ainsy « ne le refusant pas, il paresset l'avoir alloué » dit un nobiliaire manuscrit de 1684 découvert par M. Drouet au chartier du château de Saint-Pierre-Eglise et j'ai trouvé aux archives de notre fabrique des notes attribuées par M. J. Delisle curé de Clitourps à son neveu M. Léopold, qui signalent le fait et corroborent ainsi les traditions de la famille.

5

« Pierre Dupont, prieur du prieuré d'Héauville membre dépen-
« dant de l'abbaye de Marmoutier quita et delessa à bail jusqu'en
« la Saint-Michel de septembre à Geoffroy Frimot demeurant en
« la dicte paroesse... terres et herbages labourables et non labou-
« rables ledict bail commenchant le XII° jour du mois de juin
« desrain passé otout le droit que ledict prieur a en ladicte
« priouré..... et est compris au dict bail le moulin appartenant a
« iceluy prieur, durant lequel bail le dict Frimot sera tenu de pour-
« voir aus clostures..... » et il paiera quatre-vingt livres. Ce n'était
surement là que la continuation d'un bail fait par Pierre Feronnet.

Droits du prieuré aux forêts. — Mais le document suivant est à
la fois plus intéressant et plus important pour le prieuré. Il y est
en effet question de ses droits aux forêts.

La guerre de cent ans avait été bien funeste à nos bois souvent
dévastés à cette époque; de plus, le défaut de surveillance et les
malversions des agents forestiers eux-mêmes avaient amené une
foule d'empiétements auxquels fait allusion l'ordonnance que nous
allons citer. Louis XI qui fut surtout un réformateur voulut réagir
à ce sujet comme en beaucoup d'autres. Or dans toutes les
réactions, les droits réels ont peine à se maintenir! heureusement
notre prieur réussit à faire prévaloir les siens : « A tous ceulx qui
« ces lettres verront Guille Damant lieutenant général de noble
« homme et puissant seigneur mons* le bailly de (Vallongnes!)
« maistre enquesteur et refformateur general des caulx et forests
« des verderies (1) de Vallongnes et de Cherbourg, salut. Comme
« il fust ainsi que par cry publique en général contre les fran-
« chises, droictures, libertés et dismes que veulent dire et avoir
« gens religieux, nobles et aultres personnes es bois et foretz des
« verderies de Vallongnes et Cherbourg aient esté arreté et par
« plusieurs fois deffendu sur paine de forfaicture ou amende au
« cas appartenant jusque a ce quil fut apparu suffisamment aux
« gens et officiers de haulte et puissante dame la comtesse de

(1) Une verderie était une grande étendue de bois surveillée par un officier
appelé *verdier* et aussi *gruyer* ou *maître sergent*, ayant sous lui plusieurs
sergents et des gardes qu'il devait visiter tous les quinze jours au moins. — Il
jugeait certains délits et prononçait des amendes jusqu'à soixante sols. Au
dessus du verdier étaient les *maîtres particuliers* et le *grand maître*. — Comme
on le voit par l'acte ci-dessus les forêts de la vicomté de Valognes étaient déjà
en 1187 divisées en deux verderies.

« Roussillon (1) dame du dit Vallongnes au droict du roy nostre
« sire, des franchises, droictures, libertés et dismes que les dites
« gens religieux, nobles et aultres personnes declarantes veulent
« dire avoir aux dites eaulx et foretz et pour ce que religieux
« hôme et honneste frère Pierre Dupont prieur du prieuré de
« Heauville en lad verderie de Cherbourg disait avoir aux forets
« plusieurs dismes, franchises et libertés entre lesquelles il est
« pasnager (2) il disait avoir droit de prendre ausd forests frants
« bois a chauffier et pour amenaigier son église et prieuré et pour
« de nouvel edifficr et aultres franchises libertés et digmes plus a
« plain présentées et déclarées aus letres et chartes de ce faisant
« la mention et par les moiens declarés en icelles lesquelles il a
« mises en leurs mains et aprés delivrance estre fet de cesd fran-
« chises droictures libertés et dixmes selon le contenu en ses dites
« letres et chartes lesquelles a icelle fin ont été examinées et
« délibérées en la présence des gens et officiers de mad dame et
« *tellement les conquy* que au jour du xxme jour dauvril lan mil qua-
« tre cent quatre vingt et sept les dites peines et forfaitures sont par
« nous levez aud lieu de Vallongnes et a icelluy prieur persistant
« a sa requeste advons fait délivrance desd franchises, droictures,
« libertés et digmes que a ausd bois et forestz desquelles il est
« fait mention en sesd lettres et chartes... et advons levé larest et
« empeschement qui sur avait esté mis ou donné par led arrest
« général. Le tout par l'advis et delibération desd gens et officiers
« et du consentement du procureur de mad dame. Et donnons en
« mandement ausd verdiers de Vallongnes et de Cherbourg et a
« tous aultres quil appartiendra quils et chacun d'eulx souffrent
« et lessent jouir sans exemption ni abuts icelluy prieur et ses
« successeurs prieurs du contenu de ses lettres et chartes sauf sur
« tout le droict de mad dame. Pour l'affirmation de ce, soulz
« nostre seel avons mis lan et jour dessus dits. »

(1) Jeanne de France, fille naturelle de Louis XI et de Marguerite de Sasse-
nage, fut mariée (1465) à Louis, bâtard de Bourbon, qui devint amiral de
France. Son père avait fait Jeanne comtesse de Roussillon, dame de Valognes,
d'Usson, baronne de Mirebeau et d'Epernon. — L'amiral était mort depuis
quelques années déjà à l'époque qui nous occupe. Saint-Waast-la-Hougue lui
doit sa fondation comme port et ses premières fortifications.

(2) Par *pasnage*, la coutume entendait le droit de nourrir des animaux dans
le bois (*Cout. de Normandie* I, p. 49).

Qu'était donc ce prieur qui conquérait ainsi tout le monde et amenait à reconnaître ses droits, même les procureurs de Mme de Valognes, gens difficiles à convaincre pourtant; que nous reverrons bientôt, sous le successeur immédiat de Pierre Dupont, s'élever contre ces concessions « es forests » et malgré la production des mêmes chartres « arrêter de nouveau ses droictures et libertés ». Cette conduite me fait croire que ce Pierre Dupont avait personnellement à son service des influences considérables. N'appartenait-il pas à la famille de Jehan Dupont, qui succéda en 1461, comme grand bailli de Cotentin, à Oudet d'Aydie révoqué par Louis XI dès son avènement? Ce Jehan Dupont était encore en charge en 1464, c'est lui, en effet, qui conduisit au roi les troupes levées en Basse-Normandie pour faire face aux vainqueurs de Montlhéry. Un autre Jehan Dupont (1) reçut Louis XI à Alençon en 1473. Au moment où notre prieur obtenait si facilement la délivrance ci-dessus, Louis XI avait disparu depuis quatre ans, mais Mme de Valognes était sa fille et demeurait fidèle aux amis de son père.

Quoi qu'il en soit Pierre Dupont ne fut point longtemps prieur d'Héauville. Le 20 avril 1487, il échangeait « trois vergées et « demie de terre à prendre dans la campagne contre autant cédé « par Jacques Loste à même le lieu Malherbe qui lui appartenait »; le 2 mai Pierre Lepelley (2) lieutenant du sénéchal recevait encore au nom de P. Dupont l'aveu du fief à Lhoste rendu par Jacques Ligier et presque aussitôt nous rencontrons son successeur.

PIERRE HENRY

Ce P. Henry pouvait être du pays; on y trouvait et on y trouve

(1) En 1666 on trouve une famille d'ancie nne noblesse du nom de Dupont, à la Cambe et à Littry, elle portait : *d'azur à deux chevrons d'or accompagnés de trois molettes d'éperon d'argent.*

(2) Ces Lepelley habitaient Tréauville, on les y trouve même jusqu'au commencement de notre xixe siècle, divisés en plusieurs branches, celles de Mennetot, du Bois et de Rade. Cette famille anoblie aux Francs-Fiefs (1470) portait : *d'argent, chargé d'un pot de sable brochant sur le tout, accosté de deux demi vols de gueules; au chef de gueules.* Un Lepelley était en 1578 seigneur de Digulleville, alors que sa fille Guillemette (*M. de Folleville, Notes historiques sur Etienville, p. 151*) épousa Gratien Dancel, écuyer, sieur des Flottes et de Saint-Jean en Tourlaville.

de nombreuses familles de ce nom. Celui qui nous en parle le premier est un nouveau Pierre Lebourgeois donnant le 12 février 1488 dénombrement des fiefs que son père avait « advoués » en 1455.

Pierre Henry, vicaire et procureur de l'abbé de Marmoutier. — Puis quelques renseignements nous sont fournis sur P. Henry par un parchemin du 16 octobre 1490, original d'une commission de vicaire général et procureur, qui n'est dans sa teneure qu'une continuation, par le nouvel abbé de Marmoutier, de pouvoirs reçus de son prédécesseur : « A tous ceux qui les présentes verront
« le bailly de Blois, salut. Savoir faisons que par devant Gilles
« Prégent, prestre, tabellion juré du scel royal establi à la chatel-
« lenie de Blois fut présent personnellement Révérend Père en
« Dieu frère Loys Pot evesque de Tournay et abbé des abbayes de
« Marmoutier et de Saint-Laumer de Blois, lequel estably... ses
« bien aimez procureurs généraulx et mesagers et particuliere-
« ment pour son procureur et vicaire frère Pierre Henry, licencié
« en droit, prieur de Heaulville en Normandie, membre dépendant
« de ladite abbaye de Marmoutier avec les pouvoirs qui ensuivent
« (pouvoirs longuement exposés et très étendus en toutes causes
« spirituelles et temporelles) et par especial audit frère P. Henry
« seul par soy et pour letout portant nos lettres de sa personne et
« pour luy et en son nom visiter tous et chacun des membres et
« prieurés de la dite abbaye de Marmoutier et par especial ceulx
« qui sont assis et situés au pays et duché de Normandie, coriger,
« pugnir, et autrement proceder en sais visitations en tant que
« sur l'estat des dits prieurés selon la forme et lettres de son
« vicariat.

« Et pour cause que naguères led vicaire s'est transporté au
« prieuré de Perrières en l'evesché de Sees membre dependant
« de lad abbaye et que en faisant la visitation il a trouvé l'église
« dudit prieuré demollie ensemble les édifices d'icelluy et aussi
« les membres d'icelluy deppendant, a l'occasion de quoy le
« dyvyn service accoustumé estre fait en icelluy est demouré en
« yeelly, par quoy icelluy vicaire ayt faist et mis en sa main tout
« et chacun des revenus, tenements et temporel du dit prieuré et
« au regime de gouvernement d'yceulx ait commis et institué
« messires... Maulillastre curé de l'église paroichialle de Bernyeres
« et Jehan Chement (peut-être Chemin) prestre curé de Pommen-

« ville au diocèse de Séez, le Révérend Père ratifie et approuve
« cette manière de faire pour le passé et l'advenir et audit vicaire
« seul a donné et donne puissance de substituer et sous establir un
« ou plusieurs autres procureurs avec les pouvoirs qu'a ycelluy
« vicaire il conviendra donner. »

*Procès contre le verdier de Cherbourg et le procureur de Mme de
Valognes.* — Comme nous le disions plus haut, Thomas Angot,
procureur de Mme de Valognes ne laissa pas longtemps le prieur
d'Héauville en tranquille possession de ses droits aux forêts, dès
1496 il lui signifiait par le ministère de « Germain du Gardin
« sergent es dites juridictions des eaux et forets, arrest sur les
« droictures et libertés prétendues par ledit prieur, » qui le
13e jour de février 1497 par le ministère de Regnault Leverrier
« ès haulx jours de Valognes tenus par Jehan Jallot lieutenant
général du grant maître » portait contre cet arrêt ses doléances et
celles de ses hommes ou vasseaux, tenant terre de lui, à savoir :
maître Michel Lebourgeois, Jehan Colombel, messire Guille
Messent, prêtre, Michel Moulin et son fils, Estienne Lecoustour,
Guille de la Place,..... Quesnel, Philippin Lecoustour, Guille
Jourdan, Jehan Haize, messire Jehan Bonamy, prêtre, Colin
Lemachon, Jehan Leconte, Guiffroy Belhoste, Jehan Frimoult,
messire Philippe Advenne.

Mais c'est en vain que tous ces intéressés présentent les chartes
et lettres patentes qui avaient si bien réussi à Pierre Dupont.
L'affaire traine en longueur, le 12 octobre 1498 le verdier et
Thomas Angot demandant un nouveau délai pour plus ample
information ! Ce sera seulement le 12 mai 1500 que le grand
maître lui-même, Robert d'Anneville, déclare la cause fondée et
remet Pierre Henry en possession de ses droits.

Fief Jehan Messent. — Entre temps, le 18 juin 1497, Jean Frimot
ou Frimoult avait confessé tenir du prieur d'Héauville « en la
paroisse de Byville un fieu qui *fust Jehan Messent,* contenant vingt
huit vergées douze perches en plusieurs pièces situées aux Marettes
jouxte Guille Tailleboys et Jehan Baudin; aux Roteux, jouxte
Jehan Frimot, le chemin des Hogues et Germain Regnet; à la
fosse ès Loups, jouxte Guiffroy Belhoste; à la commune, au Hou-
guiton, à la Viemaison, aux Bas-Courtiz et en « confesse debvoyre
a mond sieur au terme saint Michel en septembre... reliefs, treiziesmes quand le cas s'offre pour toutes choses. »

Le même jour, André Le Bourgeois, fils deffunt Pierre, rend aveu des tenements que son père possédait de longtemps et en plus de dix huit vergées en diverses pièces pour les quelles il devait et payait vingt deniers à la saint Paul. Le lieutenant du sénéchal était alors Ferrand Langlois (1).

Poursuites pour serment non prêté au roi. — Décidément les gens du roi en veulent à Pierre Henry : ils lui refusent ses libertés aux forêts et pendant qu'il en poursuit la délivrance, en 1498, eux le poursuivent comme n'ayant point « faict au roy nostre sire « le serment a luy deu pour la temporalité du dict prieuré de « Héauville. » Notre prieur répond à cette nouvelle attaque en produisant l'acte suivant : « Loys par la grâce de Dieu roy de « France a nos amés et féaulx... scavoir faisons que notre amé et « féal cousin et conseiller frère Loys Pot evesque de Tournay et « abbé de l'abbaye de Marmoutier-lès-Tours nous a ce jourd'hui « 19 octobre 1494 fait en nos mains le serment de fidélité que « tenu nous est faire a cause de la temporalité de la dite abbaye, « aussi pour les membres dependants d'icelle. »

Ordonnance de Louis XII sur les prieurés en commende es pays de Bretagne. — Ces messieurs du baillage de Valognes se déclarèrent satisfaits. Mais des gens qui ne l'étaient pas, c'étaient les abbé et couvent de Marmoutier, c'était Louis XII lui-même! Ecoutons-les, un moment, faire ensemble le procès de la commende et un peu celui de la cour de Rome : « Loys par la grâce de Dieu roy de « France et duc de Bretaigne a nos amez et feaulx conseillers en « notre chevalerie et conseil de Bretaigne, aux sénéchaulx ou « ailleurs lieutenants de Rennes et de Ploermel salut. De la part « de nos chers et bien amés orateurs et humbles religieux les « abbé et couvent de Marmoutiers les Tours nous a esté en « suppliant exposé que de toute ancienneté ont esté fondez et « et gratieusement dottés par nos predecesseurs ducs et princes « de cestuy notre pays et duché de Bretaigne plusieurs prieurés

(1) Ces Langlois, comme les Géroesme et les Lepelley, habitaient Tréauville, où on trouverait encore aujourd'hui de leurs descendants, ils appartenaient à la vieille noblesse et blasonnaient : *d'or au chevron de gueules, accompagné de trois cosses de pois anglais de sinople, 2 en chef et 1 en pointe*; ils s'allièrent en 1663 à la famille Duchemin par le mariage de d[lle] Marthe Duchemin avec Jacques Langlois, fils Thomas, fils Guillaume, fils Roger. Roger était frère de Ferrand et tous deux fils Jean.

« tant conventuels que autres jusques au nombre de vignt sept
« lesquieulx prieurés doibvent estre soubs obédience desdits
« suppliants et ont esdits prieurés institution et destitution, visi-
« tation, correction et juridiction tant sur les prieurs que
« moyennes cloustures estant en iceulx. Esquieulx prieurés doib-
« vent estre faictes pryaires et oraisons pour nous et pour les
« ammes de nos predecesseurs, mais pour ce que par le saint siège
« apostolique sont presque tous baillés en commande à plusieurs
« seculiers qui ne résident aucunement en iceulx ni ne observent
« les termes de religion, le divin service est abandonné, les églises
« et maisons tombées en ruyne, les droitz alienés les uns perdus
« les aultres esgrevés sans qu'il y soit garder hospitalité ni en la
« pluspart d'iceulx donné ni fait aucunes aumosnes au povres,
« mais sont inhabités, privés des ornements et choses requises a
« faire le service divin contre l'intention et voulloir des fondeurs
« et dottateurs. Et quant lesdits abbé et couvent vont ou envoyent
« leurs vicaires pour les visiter ny sont receus ni traités ainsi qu'il
« estait anciennement de coustume, mais leur trouvent loger en
« tavernes et maisons publiques qui n'est teny ni estat ni honneur.
« Aussi ne sont point payés les debvoirs qui sont deulz par lesd
« prieurés audits abbé et couvent religieux et officiers de la dite
« abbaye selon les usaiges et droitz d'icelle. Et lorsqu'ils les veul-
« lent contraindre à faire les choses dessus dites ils dyent qu'ils ne
« sont aucunement leurs subjects pour ce qu'ils ne sont religieux
« ou s'en voullant exempter quoique les dits suppliants aient
« de nos saints pères les papes bulles et provisions apostoliques
« par les quelles leur est donné faculté et povoir dexercer totalle
« juridiction en iceulx commendataires tenant iceulx prieurés
« comme s'il étoient religieux et profés en la religion. Quelles
« choses tendent au préjudice desdits suppliants et de la religion
« et contre l'intention des fondeurs desd prieurés et plus sera si
« par nous n'est pourveu de remede convenable. Ce que humble-
« ment les només requerant pourquoy nous ces choses considérées
« voullans ensuyvant l'intention et voulloir de nos prédécesseurs
« fondeurs et doctateurs des dits prieurés et bénéfices de nostre
« pays le service divin estre faict et continué sans diminucion
« ordonnons... et permettons cause que raison est et que par cy
« devant est acoustumé que lesd prieurs soint religieux ou com-
« mendataires tenants et possédant les prieurés dudit ordre et

« deppendances de la dite abbaye en cedit pays religieulx estants
« en iceulx a faire le service divin puissent et soient par ledit abbé
« ou son vicaire visitez, corrigez et contraints par toutes voyes
« deues et raisonnables en tel cas requises... et obeir aux règles,
« constitutions, ordonnances et debvoirs dud ordre et de la dite
« abbaye et que sur eulx ils aient ample juridiction et cohercion
« sauf touttefois pour ne les vertir point hors ce·pays. En vous
« mandant et mandons que en ce que dessus soit aud abbé ou son
« vicaire par vous donniez conseil, confort, secours et aide et
« pryons si mestier est et requis en estes............ et ordonnons à
« tous nos aultres justiciers et officiers et subjects a ce que dessus
« vous estre et a chacun de vous secourants et bien entendants
« car il nous plaist. Donné à Nantes le 14e jour de novembre lan
« mil cinq cents et de nostre regne le troisième (1). »

  « Par le roy et dict en son conseil. — J. Gibon. »

Le grand sceau à moitié brisé pend encore à ce parchemin !

Malheureusement tous les rois de France n'eurent pas les mêmes
idées sur la commende et en favorisèrent plutôt qu'ils n'en combattirent les abus. Mais nous n'en sommes pas là pour notre prieuré !
En attendant, quoique resté titulaire d'Héauville, Pierre Henry
devint un plus tard prieur du Rocher à Mortain et en même temps
visiteur pour la Bretagne. Ce qui peut expliquer comment
l'original de cette ordonnance s'est trouvée à Héauville. D'ailleurs
elle s'appliquait aussi bien au reste de la France, et les plaintes
des religieux de Marmoutier étaient celles de toutes les communautés.

Poursuites contre Pierre Loir, sieur de Helleville. — Ses charges
obligeaient Pierre Henry à de nombreux déplacements; nous en
trouvons la trace dans plusieurs actes, entre autres dans le jugement suivant, dont nous donnerons seulement un abrégé : « Ès
« assises de Vallongnes tenues par nous Robert Josel lieutenant
« general de mons le bailly de Cotentin le mardi VIIe may, con-
« tinuées du lundi précedent l'an 1501 fut present messire Jehan
« Lhoste procureur de religieux homme et honneste frère Pierre
« Henry, prieur et seigneur d'Héauville et a sa requeste Pierre
« Loir, escuier fut bien et deument appellé... touchant les reliefs
« que led prieur prétend lui estre deus pour le trépas de Michel

---

(1) Louis XII avait succédé à Charles VIII le 7 avril 1498.

6

« Loir père dud Pierre en son vivant sieur d'Helleville à cause
« d'icelle sieurie de Helleville, aussi touchant l'hommage qui deu
« en est aud prieur à cause d'icelle....... Le dict Pierre Loir con-
« gnaist les reliefs estre deus aud prieur montant à la somme de
« quinze livres tournois pour laquelle somme, il se faict fort payer
« le jour de la feste de la Toussaints...; touchant l'hommage dit
« ledit Loir qu'il est différé jusqu'à que le dict seigneur prieur
« feust retourné de son voyage où il est et ce selon une sedulle
« soubs seings privés laquelle feut faicte en la cour du dict lieu
« d'Héauville le 27e jour de septembre lan mil quatre cent quatre
« vingt dix sept et signée ✝ Henry et P. Loir. »

Requis de présenter cette cédule, Pierre Loir le fait et tout en
est dit pour le moment.

Il lui fut sans doute plus difficile de présenter à l'époque
indiquée les quinze livres de reliefs, car la question n'était pas
liquidée le 30 juillet 1503, jour auquel « sur la requeste d'honorable hõme P. Henri, prieur et seigneur d'Héauville, Raoul Leconte
sergent du roy nostre sire en la haute justice de Tholevast se
transporte en la paroisse de Helleville et y saisit pour le paiement
de la dite somme le labour et les pommes du clos des Couldres
appartenant au dit Loir, donne le tout en garde à Julien Fortin,
Guille Gautier, Jehan Fortin et baille advis de ces faits à messire
Pierre Lucas, soy portant procureur du sieur Loir. » Si fort pressé
P. Loir finit par où il eut dû commencer; il paya et fut tranquille.

Ces Loir, depuis très longtemps sieurs de Helleville, étaient de
fort ancienne noblesse et portaient : *d'or à trois fasces ondées de
sinople*. Michel, dont la mort avait donné lieu à cette action judiciaire, était fils de Thomas Loir et de dlle Jeanne de Grimouville (1), Thomas était issu de Pierre et de dlle Madeleine de
Gouberville. Pierre fils Michel eut un fils nommé Guillaume sieur
de Quesnay et de Helleville qui fut le dernier rejeton de cette
branche, dont les biens passèrent aux Ogier vers 1595. Jean, autre
fils de Michel, ayant épousé en 1601 dlle Gillonne de Gouberville,
fut la souche des Loir du Lude et de Bouilly à Néhou, de Noire-
mare à Saint-Sauveur-le-Vicomte.

Nouvelle réclamation de serment au prieur. — Certaines gens de

(1) Le document ci-dessus prouve que les dates données dans Chamillard
p. 120, pour les mariages de Pierre 1 et Thomas Loir sont inexactes.

justice, au moins dans l'ancien régime, eurent la mémoire très
courte, je n'en veux pour preuve que la nouvelle querelle faite à
Pierre Henry par le procureur du roy qui « le jeudi penultième
« jour d'octobre 1501 ès assises de Valognes devant noble hõme
« Robert Josel escuyer, lieutenant général de M. le bailly de
« Cotentin reclamait l'arrest du temporel du prieuré d'Héauville
« et membres dependants pour serment non prêté, hommage non
« rendu. » Il fallut recommencer ce qui avait été fait en 1498.
Messire Jehan Lhoste exhiba à nouveau le serment de l'abbé de
Marmoutier pour lui et ses dependances, en plus l'acte constatant
la première exhibition et le procureur retira sa demande d'arrêt;
mais ne voulant point avoir soulevé cette question complètement
à tort, il fit imposer au prieur l'obligation de fournir un nouvel
aveu et dénombrement de son fief.

C'était justice d'ailleurs si cela n'avait point été fait. Pierre
Henry et ses gens avaient bien soin d'en exiger autant des hommes
du prieuré.

Certains de ces tenants le faisaient sans contrainte, tels Richard
et Durand Lecompte succédant à leur grand-père Fouquet Lecoustour dans la tenure du fief Quesnoy; messire Jehan Ligier, prêtre,
pour trois vergées et demie de terre situées à Héauville, le long
du chemin sablonneux, assujéties seulement aux reliefs et trei-
sièmes; Collin Guilmet pour *le fief Poulas* contenant six acres avec
plusieurs masures, auprès du chemin du roi et pour le tenement
Fleury de trois acres sans redevances déclarées.

D'autres vassaux étaient moins fidèles à leurs devoirs féodaux,
car le 19 avril 1502, « ès pleds tenus en la maison de messire
Robert Messent prêtre, à la requeste de messire Jehan Loste procureur, Regnault Anquetil lieutenant du sénéchal de la sieurie,
après trois bannies faites trois dimanches consécutifs à la sortie
de la grand'messe, annonce qu'il va mettre en adjudication les
héritages qui furent et appartinrent à Paoul... et aussi les fiefs ou
ainesses de Cabourg et des Vignes saisis par Jehan Colombel,
prévost pour deffaulx de hõme, hommage non faict, denombre-
ment non baillé » puis, comme personne ne les reclame, ces biens
sont adjugés « *en la main d'icelle sieurie*. »

Procédure Moulin pour la Rogerie. — En ces temps là aussi se
terminait un procès en cours depuis neuf ans. Richard Ouyn, fils
Thomas, aîné du fief de la Rogerie, n'ayant ni donné aveu, ni payé

ses redevances montant à six boisseaux de froment, six pains de
gaschon, six guelines, six deniers de grenerie, Jehan Géroesme,
lieutenant du sénéchal, ordonne le 22 décembre 1491 la saisie
d'une pièce de trois vergées et du ménage séant dedans. Alors
Jean Moulin, puisné du fief, pour dégager sa part, rend l'aveu
obligatoire « tant pour moy qu'à cause de Thomas Ouyn mon
aisné, le dict Thomas deffunt, d'ung lieu ou tenement nommé la
Rogerie contenant cinq acres et ung mesnage. » Tout n'en est pas
fini pour cela car, le 12 mars 1495, Jehan Leverrier, sénéchal,
tenant les pieds en la maison de maistre Jehan Lefèvre diacre,
Richard Ouyn veut forcer Jehan Moulin à payer sa part des arrérages; le fief du Maretz n'étant qu'un démembrement de la
Rogerie fait en 1487 par contrat passé devant les tabellions Guille
et Jehan Lepelley; dans lequel contrat le dict Moulin s'était engagé
à payer les redevances de tout le fief, sauf les reliefs. Moulin fut,
en 1498, condamné ès pieds d'Héauville à payer trois années de
ces arrérages réclamés par Me J. Lhoste au nom du prieur. La
cause est aussitôt portée au baillage de Valognes où, le 30 mai
1500, Jehan Jallot, lieutenant général de Monseigneur le bailli de
Cotentin, confirme le jugement du sénéchal et oblige le dit
J. Moulin à payer pour chacune des trois années : 1° pour les
Maretz, deux pains de gaschon, deux guélines; 2° un boissel de
froment pour les Loges; 3° trois boissels de fourment, trois pains
de gaschon, trois guélines, trois deniers de grénerie pour la moitié
de la Rogerie. Seulement le condamné pourra, s'il le désire,
payer en espèces « pourquoy avons taxé chacun bouissiau à la
« some de trois sols, chacun pain à la some de quinze deniers
« tournois. »

Procédure Messent. — Ce procès n'était pas fini qu'un autre
commençait! Un vrai Pactole, pour les procureurs et avocats ès
cours de Valognes, que ce domaine d'Héauville!

Marin Messent, au nom de son frère messire Robert Messent
prêtre refuse les droits seigneuriaux et des redevances montant à
douze boisseaux de froment payables en deux termes Saint-Pol et
Noel, sur une pièce de terre de trois vergées assise au trans du
Castillon. D'où condamnation ès plès d'Héauville en 1500, puis,
deux ans après, appel à Valognes. Là, la justice, voulant sage-
ment se renseigner, ordonne une enquête! Les commissaires
toutefois prirent leur temps et remirent le voyage à l'année

suivante; car, en ce temps et pour des gens de justice, aller de
Valognes à Héauville était un vrai voyage! Aussi, une fois arrivés,
Gaultier Jehan, lieutenant particulier de M. le bailly de Cotentin
et son greffier Michel Fouquet, veulent sérieusement tirer parti
d'un si grand dérangement et, pendant trois jours, tout le monde
y passe; c'est interrogatoire sur interrogatoire et, comme tout est
écrit, les feuilles s'entassent les unes sur les autres! Si ces messieurs étaient payés à la page, franchement, ils devaient se faire
des rentes. D'ailleurs, ils ne volaient pas leur argent, car les lignes
sont aussi serrées que mal calligraphiées! Néanmoins, rien
d'intéressant, sinon au cours de cette enquête, l'apparition d'un
vieillard, Laurent le maçon âgé de près de cent ans, qui a toujours
vu la pièce en litige faire partie des quatre cents vergées environ
que le prieur possède au trans du Castillon et payer les droits
réclamés. Peu importe! il fallut une contre enquête. Et de fil en
aiguille, le procès dura de longues années, pendant lesquelles on
voit agir Richard de Vauville et Germain Mabire, sergents.

Puis c'est un vrai guignon! si plaignants et plaideurs n'y
mettent pas un peu de malice, les médecins beaucoup de bonne
volonté! En effet, tant d'un côté que de l'autre, les parties se font
excuser chacune cinq fois « pour cause de maladie deument
constatée!!! » Tout le monde étant rétabli, le 12 juillet 1510, sur
la demande de Raoul Leverrier, escuier, procureur de P. Henry,
Jehan Morice, lieutenant général de M. le bailli de Cotentin,
renvoie les adversaires s'arranger ès pleds d'Héauville! C'était,
après dix ans, recommencer *ab oro!* Du moins, le prieur voulut
recommencer les mains pleines et, sur l'ordre de Regnault
Anquetil devenu sénéchal, Jehan Haize, prévôt de la seigneurie,
saisit, sur Robert Messent, deux bœufs, un noir et un roux.
Aussitôt réapparaît Richard de Vauville sergent, qui, au nom de
Me Robert deument autorisé par le baillage, donne un guernisse-
ment et délivre les bœufs le 4 août 1510! Quelques jours après, la
mort saisissait messire Robert! Personne ne put le délivrer! Le
procès continua quand même, reporté à Valognes par Marin,
Guille et Richard, frères du défunt.

Enfin, car tout prend fin, même les procès d'autrefois, ès assises
de juillet 1515, les Messent s'entendirent définitivement condamner
au paiement des arrérages, des frais de procédure, etc! Ils avaient
bien en tout cela dépensé six ou sept fois la valeur de leur terre!

Raoul Lebourgeois poursuivi pour délit de chasse. — Heureusement pour eux, tous les tenants n'étaient pas si chicaniers! Le 20 octobre 1502, messire Jean Lefèvre, devenu prêtre, avait avoué les fieux Roumy, Jourdan et Quatrehommes.

Bien lui en prit car, comme les autres, il aurait fait connaissance avec les différentes juridictions! C'est que notre prieur était vraiment digne d'être procureur de l'abbé de Marmoutier et certes très capable de faire respecter tous ses droits; même, paraît-il, de les exagérer parfois! C'est du moins ce que jugea messire Robert Josel, lieutenant général du bailli de Cotentin : car religieux homme Pierre Henry poursuivant Raoul Lebourgeois, escuier, sieur de Grouchy (1) pour avoir chassé et fait chasser sur les territoires et fiefs qu'il tenait du prieuré, malgré la défense à lui notifiée, le prieur s'entendit dire « que les chiens du dit Le Bourgeois avaient vraiment passé sur les terres de la sieurie d'Héauville, mais que leur dit maître chassant, lui, sur les héritages qu'il tient en cette paroisse du roy et d'autres sieuries, il n'y avait pas lieu à condamnation. Que dès lors le dict sieur prieur plaignant à faux serait chargé des frais de justice. »

L'arrêt est du 7 novembre 1502 et les gens du baillage donnent à Raoul Lebourgeois le titre d'écuyer. Pourtant Chamillard ne fait remonter l'anoblissement de cette famille qu'à 1507, elle portait : *d'argent, au croissant de gueules posé en cœur, accompagné d'hermines sans nombre.* Le frère de Raoul, Germain Lebourgeois, prenait, même avant 1500, le titre de noble et discrepte personne. Il était « curey des Pieulx de la moindre portion » et fort généreux puisqu'en l'honneur de saint Nicolas, il fit bâtir à ses frais, dans l'église des Cordeliers de Valognes, du côté de l'évangile, une chapelle où il fut enterré, après l'avoir enrichie d'un beau calice (2). Il était fils de Pierre, frère aussi de André ou Andrieu et de Michel Lebourgeois, tenants du prieuré, que nous avons plusieurs fois vus présenter leurs aveux.

D'ailleurs les prêtres sortis de la population d'Héauville étaient nombreux. Nous en avons déjà nommé plusieurs; en voici encore

(1) Fief situé à Gréville : on l'appelait aussi le fief de la Table ou fief-ferme de Gréville. — Les Heuzey ou de la Heuze l'avaient possédé dès le temps de Robert le Magnifique, ainsi que la Haulle et le Valferrant. En 1565 Jean Heusey prenait encore les titres de seigneur de Gréville, Urville, Durécu, des Fontaines.

(2) Benoît, *Mémoires de la Société archéologique de Valognes*, IV, p. 13.

deux, messires Jehan et Éloi Leconte ou Lecompte qui, en 1510, advouent tenir le fief Maillard, le premier comme aisné, le second avec Robert Soleil comme puisnés et porchonniers.

Pierre Henry continué dans sa charge de vicaire et procureur. — Mais un nouvel abbé avait remplacé à Marmoutier l'évêque de Tournay, Louis Pot, et le 14 mai 1517, il continuait P. Henry dans ses charges : « Mathieu par la permission divine abbé de Mar-« moutier près Tours, de l'ordre de Saint-Benoit, dépendant de « l'Église romaine seule, salut en Celui qui est pour tous le vrai « salut. Nous faisons savoir que, de science certaine et ferme « volonté, nous continuons notre vicaire général au spirituel et au « temporel vénérable frère Pierre Henry, licencié en droit, prieur « conventuel des prieurés du Rocher à Mortain (1) et d'Héauville « aux diocèses d'Avranches et de Coutances, prieurés dépendants « de notre abbaye....... Donné dans notre monastère le 14 mai de « l'an du Seigneur 1517. » Ce document non tabellionné est écrit en latin. Au parchemin pend encore le sceau très bien conservé, représentant un évêque qui tient la crosse d'une main et étend l'autre pour bénir.

Fief Monier. — Le dernier acte dans lequel nous trouvions le nom de P. Henry est un aveu rendu en 1520 du *fief Monier* par « messire Jehan Ligier, prêtre. Ce tenement contenait environ quatre acres de terre en plusieurs pièces situées en partie le long du chemin sablonnier; le reste au trans de Vasteville. Presque tout ce fief avait été donné en héritage à deffunt Symon Ligier par Philippe de Varennes, lors prieur. Il n'était grevé d'aucune charge. sauf gage-plège, reliefs et treisiemes. »

Les Anglais dans la Hague. — En ce temps, François Ier régnait en France, Henri VIII en Angleterre et les deux rois se faisaient la guerre. La Hague eut particulièrement à en souffrir. En effet, les Anglais qui avaient déjà débarqué à Landemer en Urville (1517) pour marcher sur Cherbourg, y revinrent le 20 juin 1522 avec soixante navires sous le commandement de Thomas Howard, duc de Norfolk. Aussitôt l'amiral jeta à terre des troupes destinées à un coup de main contre Cherbourg. Mais, ayant appris que Guillaume Dursus, seigneur de Lestre, avait mis la ville en état

(1) Ce prieuré avait été fondé en 1082 par Robert, comte de Mortain. Il était fort riche et ses dépendances fort étendues.

de défense, l'ennemi n'osa l'attaquer. En revanche, les Anglais, parcoururent toute la Hague, pillant les villages; les halles de Vauville furent incendiées et une contribution de guerre levée sur les habitants de tout le pays, en garantie de laquelle le curé d'Urville fut emmené comme otage (1). Bertrand de la Roque, lieutenant gouverneur de Cherbourg, donna aussitôt (23 juin) à Jean Lefort, sieur de Carneville (en Martinvast) la commission de lever une compagnie d'ordonnance de cinquante gentilshommes; mais les Anglais étaient rembarqués avec leur butin longtemps avant sa formation.

CHRISTOPHE DU MOUSSAY

Fief des Hyveaux. — Le successeur de Pierre Henry fut noble et discrepte personne frère Christophe du Moussay duquel, le 15 décembre 1523, Robert Solail confesse tenir le fief des Hyveaux composé d'un seul pré contenant sept acres et demi de terre situés vers la grande lande et pour lesquels il devait « chacun an « au terme Saint-Michel de septembre vingt boissiaulx d'avoine « mesure marchande des Pieux rendus et portés au grenier dud « seigneur, » Jean Géroesme était lieutenant du sénéchal.

Tenure Toussaint Gréard à Biville. — L'anné suivante, le 18 février, le même lieutenant recevait le dénombrement fait de son fief à Biville par Tousssaint Gréart, qui reconnait y tenir du du prieur d'Héauville, 1° « dix huit acres et demi vergée de terre en plusieurs pièces, situées à la Ronde Pierre jouxte Michel Moulin, Colin Henry et Thomas Regnet; au Vandif, aux Querettes, au Sicquet, le long du chemin tendant à Verte Fontaine et passe le russet du Sicquet parmy; d'autres pièces touchent messire Jehan Moulin, prêtre et longent le chemin de la Hague, entre elles s'en trouve une appelée la Mare au prieur jouxte le chemin tendant du Pont Brébion ès landes; une autre est assise ès Huches longeant encore le chemin Haguez, puis coupée par ce chemin la pièce à l'Estoille, etc. Et en confesse debvoir à mon dit seigneur douze

(1) Ce curé s'appelait Guillaume Nicole. — Suivant M. Demons *(Hist. manuscrite de Cherbourg,* p. 93) l'original du procès-verbal de l'enquête faite par les commissaires du Parlement de Normandie pour constater les dommages causés par les Anglais en cette expédition, se trouvait encore en 1822 au chartrier de Querqueville. Y est-il maintenant?

bouisseaulx de froment mesure rentière de Héauville auvecques troys gaschons de forment à Saint-Michel, quatre gellines à Noel chacun an, les reliefs, treisiesme et austres coustumes quand le cas s'offre, service de prévosté. »

Malheureusement nous n'avons pas les autres parties de l'aveu, le titre cité ici n'étant qu'une « copie faite le 1er septembre 1582 par les tabellions de la haute justice de Bricquebec, Nicolle de Vauville et Robert Lefrant, présence de discrepte personne Me André Lefils, curé de Biville et noble homme Charles Dumoncel, sieur de Saint-Christophe, demeurant à Sainte-Croix à la Hague, requeste de Thomas Homo du dit lieu de Biville, » qui sans doute n'en avait réclamé que ce dont il avait besoin.

Fief des Maretz. — Le 2 mars, Jehan Moullin d'Héauville dénombrait le fief des Maretz assis en la dite paroisse et contenant quatre acres dont il ne tenait qu'une partie « située jouxte le bieu du moulin avec son mesnage dessus et sous Cabourg sur le chemin du moulin à vent. » Les puinés étaient maistre Robert Moulin, prêtre, Pierre Moulin et Mre Michel Le Bourgeois, prêtre. Ils devaient à eux tous un boisseau de froment, un pain de gaschon, une guelline, charruée, etc. » Le fief des Loges était alors tenu par Raoul Lebourgeois, Nicolas Moulin, Guille Ligier, Mre Michel Lebourgeois, prêtre et Jehan Colombel.

Prétentions d'un archidiacre à visiter le prieuré. — Mais voilà que cette même année « vénérable personne messire Jehan de « Cérisay soy disant archidiacre de Cotentin et messire Robert « Feuardent soy disant vicaire du dit archidiacre » se mettent en tête de visiter le prieuré d'Héauville! Il est exempt! Pour le leur prouver Christophe du Moussay commence par fermer sa porte, puis il fait collationner (5 juillet 1525) par F. Baudet les lettres d'exemption renouvelées aux religieux de Marmoutier par Nicolas V le 13 décembre 1448, la deuxième année de son pontificat. C'était une arme défensive, dont bientôt il put à nouveau faire usage car, le 9 septembre 1528, Mres Jean Auvray et François Pottier recevaient commission pour faire la visite de tous les lieux ecclésiastiques du diocèse de Coutances, à l'exception des abbayes dont les unes : Saint-Lô, Saint-Sever, Saint-Fromond, étaient réservés à l'official et au promoteur, les autres exemptes. Héauville, fort de son droit, ne reçut point les délégués!

Procès de nomination à la cure de Helleville. — Pendant ce

7

temps-là, le prieur défendait d'un autre côté encore les droits de sa maison.

Messire François Fortin, curé de Helleville, étant mort possesseur du dit bénéfice le 15e jour de juin 1520, un autre Fortin, neveu probable du défunt, profitant de la négligence du prieur à pourvoir la cure, se fait nommer *en provision* par le Saint-Siège. P. Henry était vieux, il laissa faire; mais aussitôt entré en charge (1523), Christophe du Moussay nomme son neveu Jehan du Moussay, clerc, au vicariat perpétuel du dit Helleville. Ce nouveau titulaire, trouvant sans doute à cela quelque avantage, se démet en faveur d'un sieur Toullyet et chacun maintenant ses prétentions, il faut plaider. Comme d'habitude ce sera long.

Christophe du Moussay commence par refaire le voyage de Tours : c'est en sa présence que messire F. Baudet collationne (1524) les titres que nous avons cités; puis il revient les présenter aux gens de justice, pour leur prouver que la nomination aux cures de Biville (1), Héauville et Helleville appartenaient bien à l'abbé de Marmoutier et par lui au prieur.

Là n'était point la question : Mre Fortin ne le niait pas ce droit, car « dit le dit Fortin que veu la négligence de l'abbé le Saint « Siège prevenu par lui dict Fortin a pourveu à la cure de Helle- « ville, » ce qui avait déjà été fait en 1475, alors que Mre Thomas Onfray fut nommé par le légat et resta néanmoins en possession du bénéfice jusqu'au moment où (1505) il le résigna à Mre François Fortin.

Le raisonnement semblait si juste qu'une première juridiction l'avait confirmé, mais sur appel au bailli de Cotentin, 11 janvier 1526, Mre Fortin, jeune, voit maintenir la nomination faite par le prieur et s'entend, au nom du roi François Ier, condamner aux dépens et à la restitution des fruits du dit bénéfice depuis sa prise de possession.

Le curé d'Héauville contre Jehan Brantomme. — C'est maintenant le tour du curé d'Héauville d'ester en justice! et le 21 octobre 1532, Mre Michel de Grisbois y parait et obtient que Jehan Brantomme fût condamné à payer les arrérages d'une rente de

(1) Sont cités dans la plaidoirie du prieur comme ayant été nommés curés de Biville par le prieur d'Héauville : Pierre Lecarpentier en 1508; Michel Leverrier qui, lors de ce procès, était encore curé de Biville et y demeura longtemps quoiqu'il fut aussi doyen d'Orglandes.

quatre boisseaux de blé, un pain, un chapon et cinq guellines
dus au terme Saint-Michel chacun an, fondée pour dire cinq
messes, aux samedis des Quatre-Temps et en la vigille de Notre-
Dame. D'ailleurs Brantomme, s'il faut l'en croire, ne refusait
point le paiement de cette rente : s'il avait fait opposition à la contrainte, c'était pour obtenir de la cour l'autorisation de payer
indifféremment en nature ou en argent. En quoi les juges lui
donnent gain de cause, estimant chaque boisseau à *trois sous
tournois*, chaque gueline à *dix deniers*. Ce jugement fut rendu
« es ples de la sergenterie de Tollevast à Cherbourg par Jacques
« Vaultier lieutenant de monsieur le vicomte de Vallongnes. »

Fief Hay. — Les derniers actes dans lesquels nous rencontrons
le nom de frère Christophe du Moussay sont deux aveux rendus,
l'un en 1535, du *fief Hay* contenant trois acres environ tenus par
Robert Lebourgeois, aisné, Jehan Lecarpentier, Paul Lecarpentier
et Réné Lefrant, puisnés; le second en 1537, du fief des Maretz,
dont l'ainesse était alors aux mains de Robert Moulin, les puinesses
en celles de Pierre Moulin et de Robert Lebourgeois.

NICOLLE DE SAINT-FRANÇOIS

A Christophe du Moussay succéda frère Nicolle de Saint-François que nous trouvons cité dans l'acte suivant : « L'an 1538, le
« 14e jour de may, venerable et discrepte personne frère Nicolle
« de Saint Franchoys religieulx, prieur et seigneur de heauville
« voulontairement et par deliberation et vouller du sieur abbé de
« Marmoutier de laquelle abbaye led prieuré est dependant, a
« baillé et fieffé affin d'heritage... à Jehan Bigard de lad paroesse
« de heauville... item une pièce de terre assise en lad paroesse
« veullegairement nommée les Castillons... es lizzières de Theur-
« quetheville, Vasteville et la lande de Héauville et les terres
« d'Estouheville... une autre pièce nommée les Hougues jouxte
« Laurent Lemachon... item une autre pièce nommée le Boc
« jouxte Pierre Lecoustour et le chemin du Boc... Les quelles
« pièces de terre dessus dictes contenant quarante quatre acres
« trois vergées treize perques ou viron... et feut faicte la dite fieffe
« et baillie par le prix et some de quatre livres dix sols tournois
« de rente deue chacun an au terme Saint Michel en septembre

« aud prieur et à ses successeurs prieurs dud. lieu, à justicier par
« le prévost de la dicte paroesse deffaulx de paiement, aveux, foi
« et hommage, relliefs et treisiesme quand le cas s'offre. »

C'est tout ce que nous savons de l'histoire et du passage à Héauville de ce frère Nicolle de Saint-François. Peut-être était-il parent
de messire Bernardin de Saint-François devenu, quelques années
plus tard, évêque de Bayeux; en tout cas, ce fut le dernier prieur
régulier, s'il ne fut point le premier commendataire. Après lui,
du moins, la commende s'abattit sur notre prieuré où, dorénavant,
pourront s'épanouir tout à leur aise les abus signalés plus haut
par les religieux de Marmoutier et le roi Louis XII dans son
ordonnance. Nous l'y avons vu, ces abus étaient déjà nombreux;
le concordat de 1516 leur donna force de loi. Par ce concordat
Léon X accordait au roi de France le droit de nommer à toutes
les abbayes et prieurés conventuels. Il y avait la restriction de n'y
nommer qu'un religieux de l'ordre auquel appartenaient ces
maisons, mais, le plus souvent, cette clause resta sans effet et les
séculiers, parfois même de simples laïques « comme des loups
ravissants entrés dans la bergerie » en furent pourvus et, ne son-
geant qu'à vivre grassement des revenus de ces abbayes et prieurés
tenus ainsi du roi, négligèrent l'entretien des bâtiments, les
aumônes et services religieux attachés à ces fondations. La cupi-
dité de ces mercenaires allait même, pour avoir moins de bouches
à nourrir, jusqu'à travailler à tarir le recrutement des religieux
dans les maisons qui en possédaient encore!

Oui vraiment, la commende fut bien la lèpre qui dévora une
partie de l'institut monastique. Ce fut en vain que le concile de
Trente essaya d'apporter un remède à ce fléau. L'autorité civile y
trouvait un moyen d'enrichir ses créatures, et souvent ceux-là
même qui auraient dû, par état, défendre les intérêts de la religion
et des pauvres en défendant la vie et la propriété des communautés
religieuses, ne remplirent point ce devoir. C'est que, participant
aux dépouilles, ils étaient intéressés à la continuation d'un abus
si révoltant!

TROISIÈME PARTIE

LE PRIEURÉ EN COMMENDE

NICOLAS GÉROESME

Le premier prieur commendataire fut « Reverend père et « seigneur Nicolle Jheroesme, abbey de Lessey, sieur du chef « terre et prieuré de heauville, osmonier du Roy, de qui le « 4 octobre 1541, messire Robert Lebourgeois, escuier, pour luy « et ses frères fils et héritiers de feu André ou Andrieu Lebour- « geois tient et confesse tenir par foy et hommage en la dite « sieurie » l'ainesse du fief Brisay et par son frère Gilles la puinesse du dit tènement, les lieux Trois Testes, le Goupil, du Mont, Brocquet et Fleury.

Appelé Nicolas Jéroesme par la *Gallia christiana* (1), Nicolas Geresme par la *Neustria pia* (2), il « avait été élu et confirmé abbé « de Lessay par la mort de Guérin ou plutôt Guy Laure (3) » le 24 février 1513. Ce frère Guérin Laure de Thiéville, moine du Mont Saint-Michel, en était devenu abbé l'an 1510 (4). A ce titre il ne tarda pas à joindre celui de Lessay, ayant été promu au gouvernement de cette dernière abbaye le 20 janvier 1511. Il y succédait à un commendataire séculier, Jean Vallin, protonotaire apostolique, curé de Valognes (5).

Nicolle Géroesme est le Nicolas II « *loci alumnus* », dont parle la *Gallia* à l'article concernant Lessay. Il en fut longtemps titulaire puisque, le 2 octobre 1557, il nommait prieur de Bolleville François Leverrier, religieux du même couvent. Nicolas mourut le 11 janvier 1558 (6).

(1) XI, col. 291.
(2) p. 628.
(3) Toustain de Billy, *Hist. du diocèse de Constance*, III, p. 12.
(4) *Gallia christiana*, XI, p. 921. — Le Héricher, *Avranchin monumental*, II, p. 268.
(5) *Les vieux curés de Valognes*, par M. l'abbé Adam, p. 19.
(6) T. de Billy, *Hist. du diocèse de Coutances*, III, p. 109.

Son priorat à Héauville fut beaucoup plus court : dès 1543, il avait démissionné en faveur d'un autre Géroesme, son neveu, dont nous trouvons le nom dans un aveu du fief des Maretz, qu'en 1543, Mᵉ J. Moullins, prêtre fils Jehan, aisné et principal héritier « advoue tenir de vénérable et discrette personne maistre Guille « Giroesme, seigneur et prieur commendataire. » Mᵉ Robert Moullin, prêtre, avec Pierre Moullin autres fils de Jehan et Robert Lebourgeois tenaient les puinesses.

Le sénéchal était alors Barthole Dumoncel, escuier (1).

GUILLAUME GÉROESME

Nouvelles terres fieffées. — Trois ans après sa prise de possession, Guille Géroesme trouvant sans doute difficile de faire valoir le domaine non fieffé, même en l'affermant, s'empressa d'en aliéner

(1) Cette famille Dumoncel, de fort ancienne noblesse, semble originaire d'Héauville, où l'on trouvait une maison et un triage appelé la « Moncellerie » sur une hauteur en arrière de Blanchepierre. C'était là, je crois, qu'habitait le sénéchal. — Les Dumoncel qui portaient : *de gueules à trois losanges d'argent*, étaient alors au moins trois frères, Robert, François et Barthole, fils de Jean et de dᶦˡᵉ Marie Basan, épousée en 1493. — Robert marié en 1555 à dᶦˡᵉ Marie de Grimonville, habita Sainte-Croix-Hague sur des terres venues de sa femme. François, ayant épousé en 1565 dᶦˡᵉ Guillemine Hervieu, de la maison de Sauxemesnil, fut la souche des seigneurs d'Etoupeville à Helleville, d'Aisy à Urville, près Montebourg, de Gosnor et Flottemanville, près Valognes. — Les descendants de Barthole devinrent seigneurs de Martinvast, de Harville et aussi de Flottemanville; il avait épousé en 1511 dᶦˡᵉ Jeanne de Sainte-Mère-Eglise, dont le père, alors seigneur d'Omonville la Rogue, appartenait à l'illustre famille de Reviers.

Dans les notes complémentaires à sa *Généalogie des sires de Russy et Gouberville* (p. 48), M. le comte Auguste de Blangy, dont les ouvrages si documentés sont trop peu répandus, nous signale une autre branche de cette famille ayant pour chef Colin Dumoncel, qui acheta, le 6 septembre 1463, de Pierre d'Ozouville (un Heusey) le fief de Saint-Nazaire assis en Gréville. Nicolas son fils et successeur ayant épousé Colette de Tollevast, mourut à Sainte-Croix-Hague le 27 mars 1487 et fut inhumé dans l'église, en une chapelle qu'il avait fondée. Son petit-fils Jacques Dumoncel épousa Renée de Gouberville, sœur de Gilles, ce gentilhomme campagnard, dont le *Journal* si gentiment et si naïvement écrit a été publié, d'abord pour une partie par MM. Tollemer et de Beaurepaire, puis tout récemment pour une autre partie par M. le comte de Blangy. — Renée Dumoncel, fille unique de messire Jacques porta ses biens dans la famille de Crosville, par son mariage avec Gilles de Crosville, sieur du lieu et de Biniville.

une partie et, un beau jour, ayant convoqué tous les amateurs, il se trouva au prieuré avec les notaires Guille Mahault et Vincent Coquoin, tabellions de Saint-Sauveur-le-Vicomte pour le siège des Pieulx. C'était le 12 mai 1576. Malheureusement, sauf une exception, nous n'avons le résultat de la journée que pour Biville (1). Ce sont des copies faites en 1579 à la requête de Pierre de Grimouville pour son procès contre Richard du Gardin, dont nous parlerons bientôt. Nous donnerons en entier le premier de ces actes et abrègerons les autres : « Lan mil cinq cens quarante et six le « douzieme jour de may a heauville fut présent noble et discrepte « personne maistre Guille Giroesme, prestre curay de Sainte « Oportune et prieur commandataire du prieuré, terre et sieurye « de heauville deppendant de l'abbey et monastère de Marmoutier « lequel soubs le bon plaisir des seigneurs abbey et couvent de la « dite abbaye recognult et confessa avoir baillé en fieffe affin « dheritage pour luy et ses successeurs prieurs de la dite prieuré « a venerable et discrepte personne maistre Michel Leverrier, curé « de Biville et à ses successeurs curés s'est o scavoir une pièce « de terre en trans des Fosses contenant une vergée et demye « traize perches assise en lad parroisse de Biville jouxte led « curé a cause de lad cure, le chemin Vauviloys le dit sieur « prieur tant de buts et costés et fut faict lad fieffe pour le prix « et some de troys souls tournois par chacune vergée par chacun « an de rente sieurialle par augmentation en bien et renommée « dud benefice de Biville dont led prieur est patron a cause de « sad prieuré que led curey en sera tenu faire et paier aud prieur « et a ses successeurs prieurs de heauville au terme Saint Michel « en septembre a justicier par le prevost de lad sieurie et prieuré « sur la dicte baille et fieffe et chacun pied pour le tout ainsi que « de semblables rentes sieurialles de la dite sieurie et prieurey de « heauville et par tant icelluy prieur promist sy mestier est « faire ratifier ceste fieffe aud abbey et couvent et promist « garantie et tenir quite sur la caution de tous ses biens et revenus « dud prieuré et sieurie d'Heauville. Présents Thomas Homo et « messire Thomas Regnet prestre, temoins. »

Puis à Adam Lemercier sont concédés : 1° la pièce nommée la

(1) Il est probable que les minutes des notariats des Pieux nous renseigne-raient sur le reste.

Croulte, contenant neuf vergées, assise le long du chemin tendant du Hamel du Gardin à l'église; 2° les Plains, contenant vingt-cinq vergées en clôture et une vergée hors cette clôture, situés sur le même chemin, jouxte les hoires de Richard de Gardin et Thomas du Gardin. Cette fieffe fut faite au prix de cent un souls et neuf deniers tournois de rente, avec comme les autres fiefs obligation des devoirs seigneuriaux.

Nicolas Giot de la paroisse de Tréauville reçoit, toujours à Biville : 1° une pièce d'une vergée et demye en la petite Cloture jouxte Tailleboys et Jean Baudin; 2° deux pièces, dont l'étendue n'est pas indiquée; 3° trois vergées auprès de la première; 4° une pièce en trans de l'Espine et une masure dedans contenant vergée et demye, jouxte Thomas du Gardin; 5° une autre en trans de la fontaine Pignot, nommée Sur le Clos, contenant une vergée, jouxte Germain Espaillard et messire Georges Espaillard; 6° la Croulte au Mignot contenant huit vergées jouxte Toussaint Gréard, le chemin tendant à la lande et la lande elle-même « fut faict led fieffement et bail pour le prix de trois souls tournois de rente seigneurialle pour chaque vergée. »

Maître Pierre Fabien de Vasteville aura « trente vergées de terre en landages situées sur Héauville, jouxte la commune de Vaste-ville, le chemin des Pieux, la voye tendant de Vasteville à Bric-quebet » pour six deniers de rente seigneurialle par vergée. »

Mre André Piquot, prêtre de la paroisse de Gréville prend à Biville : 1° L'Aumosne contenant six vergées et demye quatorze perches; 2° les Carrières, contenant trois vergées douze perches, jouxte le chemin du fief du Maretz, pour trois souls de rente par vergée.

Mre Thomas Le Regnet, prêtre de la paroisse de Biville, stipulant pour son père Laurent accepte au même prix « la Croulte Beslet, contenant quatre vergées, jouxte les hoirs ou ayant cause de Laurent Regnet, Paul Regnet, Coll. de Villiers, André Regnet et le chemin de la Lande. »

« A la haulte Biville » se trouve le clos des Vesuys contenant neuf vergées et demye quinze perches passant, puis au trans de la maison ès nepveux, jouxte ledit prieur et Pierre Doguet une pièce contenant demye vergée huit perches, enfin le Vay d'une vergée treize perches jouxte Pierre Espaillard, qui sont fieffés à Thomas Le Regnet de la parroysse de Biville, toujours à trois sous la vergée.

Enfin aux mêmes conditions, le prieur bailla et fieffa à André
Le Pelletier de Biville, deux pièces de terre, la première nommée
les Corbillons, contenant quatre vergées jouxte Thomas Gardin,
led prieur et la commune, la seconde appelée la Loge, contenant
deux vergées dix neuf perches.

C'était donc de cent vingt à cent cinquante vergées enlevées
d'un seul coup au domaine propre du prieuré et ce n'est sûrement
qu'une mince partie des fieffes créées le 12 mai 1546.

Malgré cela notre prieur n'échappa point à tous les embarras,
car en 1549 et 1550 « noble home et vénérable et discrepte
personne Guille Gérœsme » eut à poursuivre Laurent Brochard
sur les biens duquel il avait mis arrêt pour arrérages de trois
« boisseaulx de forment non payés en temps voulu » et le dit
Brochard de la paroisse d'Héauville fut condamné après deux ans
seulement de procédures.

En cette année 1550, on rencontre à Héauville un prêtre,
Mre Germain Colombel, qui possédait, au trans de la Vallée, une
partie du fief à Lhoste, tandis que Germain Lechevallier tenait de
nouvelle fieffe, une pièce de cinq vergées au Sault-Corbin et une
autre de même étendue au bas des Vaulx avec une redevance de
vingt deniers de rente, reliefs, etc.

Les Ravalet. — Le sous-sénéchal de la sieurie d'Héauville était
depuis quelques années Julien Ravallet, escuier.

Disons un mot de cette famille, puisque nous aurons bientôt,
comme prieur, un de ses membres. Les Ravallet étaient de vieille
noblesse portant : *d'azur, à la fasce d'argent, chargée de trois croix
de gueules et accompagnée en chef de deux croissants d'argent et en
pointe d'une rose de même.*

Leur auteur dans notre pays, Charles Ravalet, venu de Bretagne,
avait épousé (1486) dlle Perrine-Pharise d'Aragon. Il fut la souche
des Ravallet de Sideville et de Tourlaville. Le premier de ceux-ci,
Jacques, rendait en 1555 hommage de ce fief à Henri II. Ses
descendants quittèrent un peu plus tard leur nom patronymique
pour adopter celui de *Tourlaville,* qu'ils portèrent alors même
qu'ils ne possédaient plus ce fief, mais étaient sieurs d'Eroudeville,
du Flossel, de Saint-Germain et d'Ozeville. Cette branche semble
s'être éteinte ou être « tombée en quenouille » avant 1666 (1).

(1) Voir *Olim de Tourlaville,* par M. de Pontaumont dans les *Mémoires de la
société Académique de Cherbourg.* Année 1861, p. 60.

8

Ceux de Sideville à qui, comme d'ailleurs aux Ravallet de Tourlaville on a imputé d'innombrables crimes durèrent plus longtemps.

Notre sous-sénéchal était donc fils de Charles et de Perrine
d'Aragon. Chef de la branche de Sideville, il avait épousé en 1521
d^lle Guillemette Le Lièvre (1), et en 1564, il maria son fils,
Julien II, à d^ilo Jeanne Dumoncel, fille de Berthole, sénéchal de
la sieurie d'Héauville.

Compromis entre l'abbaye du Vœu et le prieuré d'Héauville. —
L'an 1555, les différends étaient à l'état aigu entre l'abbaye de
Cherbourg et le prieuré d'Héauville. Il s'agissait des redevances
de certains tènements de Biville, que les deux maisons préten-
daient leur appartenir; aussi des dîmes de quelques terres et
surtout de la partie assise sur Vasteville du domaine de la Calengerie, auxquelles les religieux du Vœu disaient avoir exclusivement droit comme decimateurs de Vasteville. Pour preuve de la
légitimité de leurs prétentions, ils arguaient « du paiement de ces
dismes fait en la présente année par messire Robert Fabien, curé
de Théville » et propriétaire de quelques-uns des territoires de
Vasteville dont le dimage était en litige.

L'affaire fut portée aux assises de Valognes, mais la justice de
ce temps-là, nous l'avons souvent constaté, n'était point pressée,
il fallut régler provisoirement la situation. A cette fin, les parties
nommèrent pour arbitres, le prieur, André Bazan, escuier,
sieur de Syouville; les religieux, un sieur Leconnestable. Ces
messieurs firent une « compromission » raisonnable départant à
chacun ce qui lui était dû. A Biville, d'après les titres remis en
leurs mains, ils furent plutôt favorables au prieur. A la Calengerie
Cherbourg eut la dime d'un pré et de deux pièces de terre, le
prieur le reste.

Cet arrangement fait le 1er décembre 1555 pour durer jusqu'à
Pâques et prorogé jusqu'aux assises de septembre, sous les signatures de B. Dumoncel et de frère Jean Hubert (2) devint définitif
l'année suivante, l'affaire ayant été retirée du baillage.

(1) *de gueules, à la croix ancrée d'argent, accompagnée de deux croissants
d'or en chef et d'un croissant d'or en pointe.* Famille d'ancienne noblesse.

(2) L'abbé du Vœu était alors Léobin Le Fillastre, dernier abbé élu par le
chapitre de cette maison. En charge depuis 1818, il succédait, suivant T. de
Billy, III, p. 311, à Jean Hubert qui avait gouverné l'abbaye de 1192 au
16 juin 1818, époque de sa mort. Suivant la *Gallia christiana*, xi col., 943, et

Échange. — Mais notre prieur était, comme beaucoup d'autres du temps, insatiable de bénéfices. Il avait ajouté à ceux qu'il possédait déjà un canonicat de Coutances (fin de 1553) et la cure de Vesly (1557). Nous lui voyons prendre tous ces titres dans un acte d'échange ou devant « maistres Jacques Bourdon et Robert « Lefranc, tabellions royaulx en la vicomté de Vallongnes pour « le siège des Pieulx noble et discrette personne maistre Guille « Géroesme, prestre, chanoigne de Coustances, curey de Velly, de « Sainte Opportune et seigneur prieur de Héauville donne sept « vergées trente deux perques de terre assises au dit lieu de « Héauville es trans du moulin à vent a noble h̄ome Robert Le « Bourgeois, sieur de Grouchy, lequel en contre eschange cede « pareil nombre de vergées es trans de la Vallée à Lhoste. » C'était le 13 avril 1559. Les témoins furent Clément de la Mer et Robert Le Françoys d'Héauville.

Disons en passant que la cure de Vesly comme celle de Sainte-Opportune était à la nomination de l'abbé de Lessay et qu'en 1557 Nicolas Géroesme vivait encore.

Les guerres de religion amènent la vente de la sieurie d'Héauville. — Cependant Luther entraîné par l'orgueil et des passions moins avouables encore avait, sous prétexte de réforme, prêché ses

le *Neustria pia*, p. 810, Jean Hubert serait mort en décembre 1517 et, après lui, Jacques Marette aurait occupé le siège abbatial depuis ce moment jusqu'au 6 juin 1518. — En réalité, Jean Hubert, démissionnaire en 1501, fut remplacé sur le siège abbatial (20 juin) par frère François-Jean Noel, qui mourut le 1er décembre 1514 et eut pour successeur frère Jacques Marette ou Mariette que remplaça (1518) Léobin Le Fillastre. — Le frère Jean Hubert, signataire de la prorogation était le neveu du précédent. Présenté le 22 avril 1536 au prieuré-cure de Barfleur à la place de frère Mathieu Leneveu qui venait de mourir, il y demeura quelques années, puis rentra au couvent où il fut pour les affaires le bras droit de son abbé.

Ces Hubert appartenaient à l'importante famille Hubert répandue dans les paroisses de Teurtheville-Bocage, Brillevast, Quettehou.

A Clitourps, Georges Hubert, « officier chez le roy », ayant épousé Anne Lamache devint par son mariage un des principaux propriétaires de la paroisse. Sa postérité s'y divisa en deux branches : les Hubert de la Huberderie et les Hubert de Valhérou. Les premiers furent de riches cultivateurs; les autres, qui prirent leur surnom d'un tènement de terres situé auprès de l'église, furent surtout une famille d'avocats aux diverses cours de Valognes et plaidèrent souvent à la Haute-Justice de Grainthéville à Clitourps. — Un de leurs derniers descendants est actuellement avocat à la cour d'appel de Paris et s'occupe beaucoup des questions sociales.

hérésies à l'Allemagne. Là, grâce à la connivence de princes avides à tous les points de vue de mettre à profit la facile morale du moine apostat, ces erreurs s'étaient rapidement répandues. Calvin, fils d'un tonnelier de Noyon, les aggrava en les acclimatant en France dès 1532 et, malgré les efforts de François Ier, leur acquit de nombreux partisans. La féodalité, déjà fortement ébranlée, y vit l'occasion de tenter un effort pour reconquérir son autorité diminuée et ce mélange de questions politiques et religieuses enfanta des guerres civiles qui ensanglantèrent le règne des trois derniers Valois. Car sous François Ier et Henri II, son fils, occupés par la lutte contre Charles-Quint et l'Angleterre, les protestants remuèrent relativement peu. Malheureusement la mort de Henri II (10 juillet 1559) laissait le trône à un enfant de seize ans, François II, qui d'ailleurs suivit de près (5 décembre 1560) son père dans la tombe. Son frère, Charles IX, âgé de dix ans, lui succède et le gouvernement ondoyant de Catherine de Médicis continue de laisser les Huguenots devenir plus nombreux, plus puissants; puis en 1562 commence, par le massacre si exagéré de Vassy, la première guerre de religion.

Sous prétexte de la soutenir, Catherine, au nom du roi, ne trouva rien de mieux que d'ordonner « la vente de partie du temporel des ecclésiastiques jusqu'à concurrence de 300.000 livres « de rente. » La paix fut signée à Amboise le 19 mars 1563, mais il fallait, disait-on, reprendre les villes dont les protestants avaient payé aux Anglais leur concours contre la France. L'ordonnance fut maintenue, le consentement du pape arraché et on procéda à cette vente. Certes le clergé n'était pas en arrière de payer les frais de la guerre : dès 1561, il s'était engagé à fournir au roi pendant six ans 160.000 livres. N'importe, le gouvernement du temps, aussi raisonnable que le maître de la poule aux œufs d'or, non content du revenu s'attaqua au fond de production! Et « pour un plus prompt recouvrement de deniers » l'aliénation ne se fit même pas au gré des propriétaires mais au choix des acquéreurs. Le diocèse de Coutances avait été en bloc taxé à 3000 escus sol de rente, Héauville le fut pour 600 livres de principal et les Lebourgeois, longtemps vassaux du prieuré, désirant à leur tour devenir seigneurs, demandèrent la mise en adjudication de la sieurie.

Voici la copie de son estimation et de la commission de vente :

« De par le Roy et monseig. le lieutenant général de mons. le
« le bailly de Costentin, commission du Roy nostre sire pour
« vendre jusque à la concurrence de troys mil escus sol des biens
« patrimonyaulx des ecclésiastiques estant en ressort dud bail-
« lage. Il est faict scavoir que le fief terre et sieurie de héauville
« que tient et possède noble et discrepte personne mre G. Geroesme
« prieur et seigneur dud lieu de héauville sera vendu et adjugé au
« plus offrant et derain encherisseur le merquredy vingt
« troisième jour de ce présent d'aoust en l'auditoire royal es
« juridictions de Coustance suyvant l'acte des sieurs conseillers
« publié en l'an mil cinq cent soixante et trois le 14º jour d'aoust
« a Coustances devant nous Gilles Dancel, sieur d'Audou ille,
« conseiller du roy, son lieutenant général au baillage de Costen-
« tin et commissionné pour vendre jusques à la concurrence de
« troys mil escus sol de rente du revenu temporel des ecclésias-
« tiques estans au ressort dud baillage présidant, presence de
« mre Robert Lantien docteur en theologie delegué par l'evesque
« de Coustances ou son vicaire comme deputes du roy a l'estima-
« tion, appreciation et liquidation des choses demandés en tant
« que les auront peu obtenir des revenus des baulx ou aultres
« titres et enseignements demandés en nos mandements pour en
« fere et arrester certain prix sur lequel les bannyes et adjudica-
« tions soient fetes ainsy qu'il est contenu en lad. commission.
« Le fief terre et sieurie de heauville appartient au prieur dud
« lieu auvecq gage plège court usage dignitez et libertés et appar-
« tenances franchises et deppendances ainsy qu'il ce consiste en
« plusieurs rentes et services en plusieurs et diverses parties, en
« argent vingt trois livres dix huit souls ung denier vallant pour
« le fort principal au denier vingt cinq cinq cents quatre vingts
« dix sept livres douze souls, ung denier, en forment neuf vingts
« troys (207) bouisseaulx et demy mesure de Cherbourg arbittrés
« et vallant au fort a raison de quatre souls chacun bouisseau
« trente six livres quatorze souls suyvant l'attestation des officiers
« pour le roy a Vallognes sous le prix que les grains ont esté
« vendus en justice depuys six ans vallant les dites 36 livres
« 14 souls au denier vingt cinq neuf cents dix sept livres dix
« souls, en avoyne trente neuf boisseaulx extymés comme dessus
« a deux souls six deniers le bouisseau vallant quatre livres
« 17 souls 6 deniers de pareille rente et pour le fort principal six

« vingts une (126) livres 17 souls six deniers, pour huit chappons
« a deux souls la pièce seize souls de pareille rente vallant au
« fort principal vingt livres, pour neuf vingts (180) guellines
« estymés a vingt deniers tournois piece neuf livres tournois de
« rente vallant pour le fort principal unze vingt cinq livres
« (225) tournois, pour le moulin de lad sieurie 25 livres 10 souls
« de pareille rente suyvant le bail afermé par led prieur pour
« cinq ans le troisiesme d'octobre 1559 vallant les 25 livres dix
« souls pour le fort principal six cents trente sept livres dix souls.
« Et pour le droict de gage plège dix livres tournois de pareille
« rente vallant pour le fort principal deux cents cinquante livres,
« montant lesd parties ensemble a la some de cent dix livres
« 15 souls 7 deniers et pour le fort principal deux mil
« sept cents soixante neuf livres 15 sols 7 deniers A la
« requeste de nobles hommes maistres Ferrand et Robert dictz
« Bourgeois a ce present Jehan Lebourgeois, escuier, fils dud
« Robert sur lequel prix nous avons déclaré que led fief serait
« banny par affiches qui seront mises tant en lad paroisse de
« heauville quen ceste ville de Coustances et signifié aud prieur
« pour estre led fief vendu et adjugé au plus offrant et dernier
« encherisseur le merquredi vingt cinquiesme jour daoust pro-
« chain venant en lauditoire royal et juridiction dud Coustances.
« Et donnons en mandement a chacun des sergents dud bail-
« lage... Signé : Dancel, Escoullant, Potier avec paraphes. Fait
« par coppie par moy Robert Messent sergent royal ce ving deu-
« xième jour d'aoult lan mil cinq cents soixante troys et ay affiché
« la présente à la porte de l'église de heauville es présences de
« P. Lefranc, Francois Bonamy, Pierre Messent, Fr. Lechevallier,
« P. Cappelain. »

Le 25 août, les enchérisseurs furent peu nombreux ou peu
entêtés, car le prieur ayant refusé de reprendre le fief au prix
d'estimation, il fut adjugé à Jean Lebourgeois escuier, pour la
somme de deux mille huit cents livres tournois, sur laquelle il
paya immédiatement 827 livres 1 sou 8 deniers montant de l'imposition du prieuré et des frais afférents à la vente. Quand au reste,
1972 livres 18 sous 4 deniers, il fut liquidé en plusieurs fois et la
premi... an..ée ...il sera prieur d'Heauville, Robert Fabien
« prinz et recueill au greffe de Mr le bailly de Costentin en ce
« siège de Constances les tiltres de constitution de cent dix livres

« de rente en plusieurs parties baillies et paymens faicts par
« l'adjudication du fief de Heauvillle....., vallant en fort principal
« onze cents livres tournois. » Et « Me Nicolas Merville (ou Mer-
« veille) chanoyne en l'eglise cathédrale pour luy et noble homme
« Jacques de la Montaigne, sieur de Crasville recepveurs des
« deniers procedants de la vente du temporel du clergé du
« diocèse » pour parfaire le réglement de leurs comptes
vers 1580 ordonnèrent « que dans le temps de troys moys on arup-
« tât et consignât es mains d'unz suffisant bourgeois de ce lieu la
« somme de huit cents soixante douze livres 18 solds 4 deniers
« tournois pour le parfournissement de lad somme de dix-neuf
« cents soixante douze livres 18 solds 4 deniers tournois, pour
« estre employés au profit dud prieuré..... ils y seront contraints
« par les voyes de droicts. Led prieur reservé à poursuivre ses
« interets pour le passé ainsi qu'il advisera. » Le débiteur acheva
bientôt de payer sa dette car sur la marge de cet article on peut lire :
« Est apparu du certificat de la réception des contrats de dix livres
« de rente soubz le signe de Ferrand Lebourgeois, ensemble un
« contrat de quatre vingt sept livres cinq solds 10 deniers tournois
« passes devant les tabellions de Valloignes en datte le jeudi
« 10e jour de novembre mil cinq quatre vingts troys. »

Procès pour les dimes de la paroisse d'Héauville. — Cependant
d'autres que l'Etat désiraient profiter des revenus de notre prieuré,
en effet « l'an 1565 le mardi 26e jour de juing a Vallongnes devant
« nous Guillaume Bastard licentié es lois lieutenant en la vicomté
« dud Vallongnes de monseig. le bailly de Costentin en lassise
« extraordinaire faicte et par nous tenue noble et discrette
« personne Guillaume Geroesme prestre prieur et curey de heau-
« ville vertu de mandement de justice pour aprocher aucuns des
« paroissiens de la dite paroisse pour déclarer les causes du reffus
« par eulx faict de luy payer les dixmes des layques et a led
« prieur prétendu scavoir quelle dilligence les dicts paroissiens
« avaient faicte de faire comparoir noble et discrette personne
« maistre Ferrand Le Bourgeois soy disant curey dudit lieu de
« heauville auquel ils disaient avoir payé les dictes dixmes. Les-
« quels paroissiens comparants par maistre Guillaume Lebas,
« escuier, leur conseil et procureur ont faict appeler le dict Le
« Bourgeois qui s'est comparu par noble homme Jehan Le
« Bourgeois, sieur de Gruchy son procureur qui a fourny sa pro-

« curation. Vers lequel lesdicts paroissiens ont prétendu qu'il
« eust a recongnaistre et confesser avoir receu les dictes dixmes,
« ce qui a este par luy ainsy confessé et pretend icelles luy appar-
« tenir à cause qu'il est curey paciflique et possesseur de lad
« paroisse et nyant aud prieur tout droict de percevoir les dictes
« dixmes et se deffendant que par usurpation il en ait prins
« auculnes, au desire dud Le Bourgeois voullant informer de sa
« possession pacifique et de son tiltre par escript et par le dict
« prieur dict est qu'il est prieur et le patron curey de lad paroisse
« et que a ce droict il a jouy et possedé aux ans et années desrains
« passées de la dixme et que le dict Bourgeois n'est que vicaire
« perpétuel lequel na droict aud dixmages en plus oultre que la
« moitye. Pourquoy a este ordonne que lesd parties produiront
« respectivement quinzaine devant la prochaine assise. Et a este
« assignation faicte respective aud jour pour voir collationner
« lesd pièces. Lesd paroissiens envoyés hors de procès auveccque
« despens sur led Lebourgeois sauf sa récompense. Et led prieur
« estime sa poursuyte à dix livres de rente dont il garnira. »

Pour prouver son droit aux dîmes de Saint-Germain d'Héauville mᵉ Ferrand Le Bourgeois produit trois parchemins, dont
deux du 4 décembre 1548 émanant en cour de Rome du pape
Paul III. Le premier « accordait audit Le Bourgeois, à cause de
« ses mérites (il était maître es arts de l'Université de Paris) et a
« cause de ses vertus, toutes dispenses nécessaires pour posséder
« en même temps plusieurs bénéfices, *sive sine cura, sive cum cura*
« de n'importe quel ordre, même de celui de Sᵗ Benoit. » Et certes
ledit Le Bourgeois ne se fait point faute de mettre à profit la
permission du pape. Il est déjà curé de Saint-Denis-le-Vêtu, prieur
du prieuré non conventuel de Clitourps et le deuxième parchemin
est sa nomination à la cure d'Héauville qu'il « recueille vertu de
« la démission mᵉ M. Grimboys (1). » Le troisième document est

(1) Ce Mᵉ Grinboys, qu'un de nos documents de 1532 appelait « de Grisbois »,
était depuis longtemps curé d'Héauville; en effet « le 5 novembre 1507,
Mᵉ Robert Sereur pour lors titulaire du bénéfice l'avait résigné en sa faveur,
entre les mains d'un des vicaires généraux de l'évêque de Coutances, par
l'intermédiaire de discrète personne Mᵉ Mariette, curé de Tessy, son procureur
et religieux homme frère P. Henry, prieur d'Héauville, l'avait présenté. Toutefois Mᵉ Michel Grinboys ne parait point avoir obtenu la collation de l'église
d'Héauville avant le 11 janvier 1508, et cela après la résignation d'un nouveau

un rescrit de l'officialité de Rouen à l'évêque de Coutances ou à son vicaire général prescrivant sa mise en possession.

Mais tout cela ne prouvait point son droit au plein dimage de la paroisse. Toutefois, en gens raisonnables, les parties retirèrent la procédure des mains de la justice et, le 28 août, en remirent le jugement « es sages conseils et déterminations de nobles h̄omes « maistres Robert de Couvert, sieur de..., Jullien (Ouen?) prieur « de la Bloutière, François Fortin, sieur des Aules et Guillaume « Hervieu, sieur de Sauxemesnil, pour en dire sentence et « ordonner comme habitués de semblables compositions dans le « temps de quinzaine » et chacune des parties consignera vingt escus ʼʼr sol qui seraient acquis à celle qui accepterait la sentence d'arbarage si l'autre ne s'y soumettait point. De plus les dimes recueillies seront remises aux mains d'un des paroissiens pour en répondre.

Les arbitres donnèrent raison au prieur, et, un peu plus tard, Ferrand Le Bourgeois dut vivement se féliciter de sa défaite, car

titulaire Mᵉ Robert Artur, licencié en droit civil, qui l'aurait légitimement occupée pendant ces quelques mois, puisque les registres de l'évêché lui donnent le titre de « dernier curé. »

Robert Sereur n'avait lui-même fait que passer à Héauville, ayant été envoyé en possession seulement le 31 mars 1505, sur la présentation de Pierre Henry, après la mort de Mʳᵉ Pierre Dauxès. Ce dernier à cause d'un litige avait été présenté (3 juin 1493) par le Roy notre sire, vertu de la résignation faite en sa faveur le 14 avril par Mʳᵉ Pierre Couillard, qui venait le 16 février de consentir, sur ce bénéfice, une pension de dix livres tournois, à son prédécesseur Mʳᵉ Jacques Olivier, avec lequel le 3 août 1491 il avait permuté la cure ou vicariat perpétuel de Saint-Georges de Bohon contre Héauville, que Mᵉ Jacques possédait depuis le 28 mars précédent. Mʳᵉ J. Olivier succédait à Mʳᵉ Michel Feronnet, frère probable ou du moins proche parent du prieur Pierre Feronnet; mais cette succession ne lui échut pas sans difficultés. C'est que Michel Feronnet étant mort en 1490, frère P. Henry avait, le 5 octobre, fait présenter par vénérable homme Mʳᵉ Guy Boudier, son procureur, un clerc du diocèse de Rennes, Mᵉ Jehan de Boisberte, tandis que de son côté, sur les instances de Guillaume Olivier, un de ses religieux, Guy, abbé de Marmoutiers, avait nommé à la cure d'Héauville Mʳᵉ Jacques Olivier (25 octobre). Geoffroi Herbert, alors évêque de Coutances rejeta d'abord cette seconde présentation, mais la cause ayant été portée devant le bailly de Cotentin, un jugement de son lieutenant, rendu à la requête de religieux hommes l'abbé et convent de Marmoutiers contraignit l'évêque à donner (20 janvier 1491) des *lettres* ordonnant à Mʳᵉ Jehan Boesbert d'évacuer l'église paroissiale de Héauville et Jacques Olivier fut installé. » *(Renseignements recueillis aux archives de l'évêché par M. Leroux, vicaire général, et très aimablement communiqués par lui).*

le nombre de ses bénéfices suivant sans doute la progression de
ses vertus, il ne tarda pas à joindre le prieuré d'Héauville à ses
anciennes possessions.

ROBERT FABIEN

Messire Guillaume Géroesme eut pour successeur, à la commende du prieuré d'Héauville, l'ancien curé de Théville, Robert
Fabien. Entre temps ce m^re Robert était devenu curé de la première portion de Saint-Sauveur-Lendelin, bénéfice qu'il permuta
avec Antoine Deu contre la prebende canoniale de Saint-Samson
de Bonfossé le 25 février 1557 et à laquelle il unit le 14 décembre
1559 les revenus de la chapellenie de Notre-Dame du Mor en la
paroisse de Saint-Sauveur de Pierrepont.

Frère de maître Pierre, dont nous avons cité le nom un peu
plus haut, m^re Robert Fabien eut pour neveu Toussaint Fabien
qui s'anoblit en novembre 1576 et dont le fils Jean épousa en 1625,
d^lle Eléonore Jallot, fille de Jean, seigneur de Beaumont-Hague,
et de Charlotte de Pirou (1). Ce Jean Fabien, devenu par son
mariage sieur de la Foidre, eut deux fils, Henri-Robert et Louis.
Henri-Robert, marié en 1650 à d^lle Barbe de Beaudrap (2) demeura
avec elle à Foucarville jusqu'en 1686, qu'ils échangèrent cette
terre contre le Val-de-Brix appartenant à Bernardin Mangon, sieur
du Coudray (3). Louis Fabien, sieur de la Foidre, demeurait à
Saint-Germain des Vaux. Je ne sais s'il se maria. Il mourut vers
1670, victime de la stupide habitude du duel. S'étant par de sottes
paroles attiré une querelle avec un des de Mary, ses voisins (4),

(1) Voir sur ces Pirou Les Recherches de M. L. Drouet sur le canton de Saint-
Pierre-Eglise, pp. 279, 280, 281, 323, 324 et 325.

(2) Les de Beaudrap, originaires de Biville, du moins y ayant longtemps
habité, s'étaient anoblis en octobre 1596 ou juin 1597 et blasonnaient : d'azur
au chevron d'argent, accompagné de deux étoiles d'or en chef et d'un croissant
d'or en pointe. Un de leurs descendants possède le château de Sotteville (canton
des Pieux) et vient de s'allier à la vieille famille Lucas (de gueules, à trois
chevrons d'argent) si honorablement connue sous le nom de Couville, demeurant au château de Querqueville. — Une autre branche des de Beaudrap habite
Denneville (canton de la Haye-du-Puits).

(3) M. l'abbé Adam, chapelain des Augustines de Valognes, signale cet
échange, p. 25 de son Prieuré de la Luthumière.

(4) Une branche des de Mary avait possédé la sieurie de Jobourg, depuis le

ils se rencontrèrent près du hameau Ricard, en amont de l'église
de Jobourg. Là, le jour de l'Assomption, pendant la grand'messe,
après un combat très court, les adversaires s'enferrant réciproque-
ment se tuèrent tous deux. On éleva sur le lieu même une croix
de granit qui, pour perpétuer le souvenir de cette triste affaire,
portait deux épées en relief. Le petit monument ayant été transporté plus haut se dresse maintenant à la bifurcation de la route
de Beaumont à Auderville et du chemin des Grandes-Falaises.

Les Fabien portaient : *de gueules à la fasce d'argent, chargée
d'un croissant de sable, accompagnée en chef de deux bouches d'or
et en pointe d'une tête de sanglier d'argent.*

Vente de deux pièces de terre pour payer une nouvelle imposition.
— Mais m^re Robert Fabien n'avait pas attendu l'anoblissement de
son neveu pour prendre lui-même des lettres de noblesse ou il en
devançait la délivrance, car le 23 janvier 1569 nous voyons « *noble*
« et discrepte personne m^re Robert Fabien prestre, prieur de
« heauville et chanoyne de Coustances lequel suivant l'octroy mis
« par le roy nostre sire sur le clergé de France par lettres patentes
« de sa majesté le 13ᵉ jour d'octobre dernier fut taxé à la somme
« de six vingts (120) livres pour la prieurey dud lieu de heauville.
« Pour ce a quoy satisfaire il met en vente deux clos appelés les
« *clos es Sablons* assis aud lieu de heauville..., lesquels furent
« adjugés à Pierre Lefranc... et fut la dicte vente faicte par sem-
« blable somme de six vingts livres tournois que led Lefranc en a
« payées comptées et nombrées entre les mains de Nicollas
« Briroy, curé de Fierville recepveur commis a faire la recepte
« des deniers du dict octroy. »

P. Lefranc ne garda pas longtemps son acquisition ; le 15 mars
1575, il en faisait « la remise après clameur et deuement rem-
« boursé a noble hõme Jehan Le Bourgeois, sieur de heauville,

---

xIIIᵉ siècle jusque vers 1580. Au temps qui nous occupe une partie au moins de
cette famille habitait au dessous de l'église de Jobourg la gentilhommière
appelée la Buhotellerie. Leur blason, *d'argent, au chef de gueules, chargé de
trois roses d'or mises en rang*, est encore gravé sur la porte de cette maison.
De très ancienne noblesse, cette famille me semble issue des Néel de Saint-
Sauveur. — La branche de Jobourg ne s'était pas éteinte avec la victime du
duel raconté ci-dessus, car les registres de la paroisse nous les montrent nombreux et s'alliant à toutes les bonnes familles du pays jusqu'au moment de la
Révolution, où nous trouvons parmi les suspects de la dite paroisse « Jacques
de Mary et sa femme, ci-devant nobles. »

« qui la retire a droit de seigneurie de sa sieurie de heauville. »
Laquelle sieurie venait de prendre une nouvelle extension, en
effet, le 16 juin 1573 « Le lieutenant ancien du baillage de
« Valloignes Jehan Viray, devant les advocats et procureurs et
« aultres gens du roy nostre sire, sur la présentation, faicte par
« noble home Robert Le Bourgeois, sieur de Grouchy et dheau-
« ville, dune commission dudict roy nostre sire a monseig. le
« bailly de Costentin ou a son lieutenant, les gens du roy ny
« mettant point empêchement ordonne que ceulx qui possedent
« dans Heauville, Helleville, Vasteville, Biville et Teurquetheville
« des terres cy devant relevantes du roy rendront leurs adveux et
« denombrements au dict sieur de Heauville. »

Robert Fabien, vicaire général de Coutances. — Quant à Robert
Fabien, s'il n'augmentait point ses revenus au pays, il augmentait
ses dignités, car, le 20 octobre 1574, messire Jean Ravalet, abbé
de Hambie et vicaire général d'Artur de Cossé le substituait vicaire
épiscopal à la place de Mre Hervieu, mort le 22 août précédent.

Echange. — Notre prieur était dans les meilleurs termes avec
Jean Le Bourgeois, aussi le 24 janvier 1575 « à la requeste et
faveur de noble home Jean Le Bourgeois sieur de heauville venerable et discrepte personne maistre R. Fabien » lui donne par
échange une pièce de vingt vergées « le clos du presbitaire jouxte
« l'enclos dud presbitaire et le chemin tendant de Cabourg à la
« Longue Croix. » En contre l'échange, il reçoit la pièce « appelée
« la Vallée, d'égale contenance jouxte le dict sieur prieur et le
« chemin sablonnier. » L'acte publié au nom de « Jacques
Moustier garde des sceaulx de la vicomtey de Vallongnes pour le
sciége et sergenterie de Tolvast » avait été passé devant Robert
Lefranc et Robert Messent, tabellions royaux de la vicomté pour
les Pieux, ayant comme « témoings signés à la notte noble et
discrepte personne m^re Jacques Danneville curey de Couville et
m^re Jean Peset, prestre de Helleville. »

Le 19 février suivant, m^re R. Fabien permuta avec Richard de
Barro la prébende de Saint-Samson contre la première prébende
de Trelly.

André Mesnage, curé d'Héauville. — Mais, sans doute fort
occupé par ses autres affaires et celles du diocèse, il négligeait
tant soit peu celles de son prieuré puisque, le 31 octobre 1536,
m^re André Mesnage fut nommé curé d'Héauville « par sa Sainteté

« Grégoire XIII, par provision parceque ledict benefice avait
« vaqué le temps voulu pour que selon le concile de Latran, cette
« nomination appartint au Pape. » Elle fut insinuée à Coutances
le 2e jour de novembre.

André Mesnage (1) fils Guillaume de la paroisse de Clitourps
avait reçu « le sacrement de confirmation et la tousure cléricale
dans l'église paroissiale de Cherbourg le 23 mai 1525 des mains
de R. R. Jean évesque de Castorie, suffragant de Coustances pendant la vacance du siège », vacance qui était survenue par la
mort du cardinal Bernard de Bibiane (9 novembre 1520) et ne
cessa que le 18 ou 20 novembre 1525 par la nomination de René
de la Trémouille. Ce fut le même suffragant qui conféra la
prêtrise à André Mesnage, diacre de Clitourps, le 23 septembre
1530, en l'église cathédrale, alors que le siège de Coutances était
occupé par Philippe de Cossé, espèce d'évêque commendataire
qui vivait à la cour et ne vint probablement jamais dans son
diocèse.

FERRAND LE BOURGEOIS

Je me demande pourquoi la cure d'Héauville était vacante sans
que personne eut songé à lui donner un pasteur, car Ferrand Le
Bourgeois n'était point mort et, dans l'acte suivant, nous le retrouvons en possession du prieuré ;

*Vente du patronage et du droit de présentation à la cure d'Héau-
ville.* — « Les commissaires subdélégués au diocèse de Coustances
« par Nosseigneurs les reverendissimes cardinaulx et delegués de
« nostre sainct père le pape pour lalienacion de partie du tem-
« porel des ecclésiastiques pour les causes contenues au bulles de
« sa Saincteté du dix huictiesme jour de juillet et lettres patentes
« de sa majesté du vingtiesme jour de septembre dernier passé
« A Tous ceulx qu'il apartiendra Salut scavoir faisans que procé-
« dani ce jourdhuy par nous en jugement au parquet de la juri-
« diction ecclésiastique dudict lieu de Coustances lieu par nous
« assigné pour lexécution des dictes commissions vendues et
« adjudications desdicts biens ecclésiastiques suyvant les dictes

(1) Cette famille disparut de Clitourps vers 1600, mais un ancien fief, des
un village, y porte le nom de Mesnagerie.

« lettres patentes et commissions a la vendue et adjudication au
« plus offrant et dernier encherisseur dune piece de terre assise
« en la paroisse de Saint Germain de heauville contenant cinq
« vergées ou viron partie dicelle occupée en landes et rochers qui
« joint et butte aux enfants subagés de feu noble homo Jehan
« Lebourgeois sieur de heauville et au chemin tendant de Rigue-
« lon a la lande de heauville avec le droict de patronnage et
« présentation a la cure ou vicariat perpetuel du benefice delad
« paroisse de Saint Germain de heauville. Le tout deppendant du
« prieuré de héauville et exposes en vente comme chose moins
« commode au dict prieuré par noble et discrepte persoune
« mre Ferrault Lebourgeois prieur dud prieuré de heauville pour
« satisfaire à six escus sols de rente a quoy led prieuré avait esté
« cotisé pour sa part delad allienacion et faict bannir tant par
« affiches en ce lieu que par proclamations faictes tant aux
« marchés de Cherbourg et des Pieux lieux proches et adjacents
« dud prieuré comme il appert par les rellacions de Pierre
« Dagoury sergent roial en la vicomté de Vallongnes qui a faict
« lad proclamation aud lieu de Cherbourg le lundi huictiesme
« jour de ce present mois et de Guille Dorey aussi sergent roial
« en lad vicomté qui a faict lad proclamation aud lieu des Pieux
« le xiie de ce dict mois que par proclamations faictes par trois
« jours de dimanche intimées à la sortie de la messe parroissialle
« dud lieu de St Germain de heauville comme il appert par les
« rellacions du dict Pierre Dagoury..... sur le prix de douze livres
« dix sols tz de rente vallant de fort principal au denier vingt
« quatre trois cents livres tz a quoy lad terre et patronnage dud
« benefice de saint Germain de heauville auraient esté estymes
« jugement des arbitres valloir chacun an de rente suyvant linfor-
« mation faicte par lun de nous sur la commodité ou incommo-
« dité valleur pour chacun an de lad pièce de terre et droict de
« patronnage vouldraient encherir et mettre à prix qu'ils eussent
« à comparoir aujourdhuy par devant nous et ils y seraient ouys
« et receus..... A quoy s'est présenté noble homme Pierre de Gri-
« mouville seigneur des Maretz lequel sur plusieurs enchères
« contenues au registre a mys a prix et enchery la dicte pièce de
« terre et droict de patronnage de la cure ou vicariat perpétuel
« au prix de cinq cents livres tournois pour en jouir a ladvenir
« ainsi et en la propre maniere que faisait led Lebourgeois et ses

« predecesseurs prieurs du dict heauville. Auquel de Grimouville
« comme plus offrant et dernier encherisseur a l'extinction du feu
« de la chandelle nous avons vendu et adjugé lad pièce et droict
« de patronnage dud benefice ou vicariat de saint Germain de
« heauville moiennant lad somme de cin cents livres tz pour en
« jouir dès a present et perpetuellement comme choses a luy
« appartenant proprietairement après paiement par luy faict de
« lad somme entre les mains de mre Gaspar Guisles recevcur here-
« dital des decymes de ce diocèse. Ce qu'il a faict comme il appert
« par la quittance dud Guisles de laquelle la teneur ensuit. »

Cet acte est signé : de Briroy, du Breuil et d'un troisième nom
illisible.

Dans son reçu « me G. Guisles nous apprend que le pape avait
accordé au roi pour subvenir à ses affaires et ntes l'aliénation
de 50.000 escus sol de rente des biens du egé, qu'en outre les
500 livres payées par P. de Grimouville l furent en escus sol
valant soixante cinq sols pièce, que les frais à acquitter, à raison
de deux sols six deniers par livre du principal, montèrent à
soixante deux livres, dont douze livres 10 sols pour les gaiges; le
tout donnant une somme de 562 livres tz dix sols, de la quelle
somme trente quatre livres seize sols demeurèrent entre les mains
dudict adjudicataire, lequel s'en est chargé pour en faire rente
audit sieur prieur. Et fut donné le présent à Coustances le 17e jour
de juillet 1577. »

Les de Grimouville (trois étoiles de mer d'argent, en champ de
gueules) qui avaient succédé aux Carbonnel comme seigneurs des
Maretz, de Fourneville et Nacqueville, possédaient des terres très
étendues dans les diocèses de Coutances et d'Avranches.

Mre Pierre de Grimouville était alors « gardant par autorité
royale des enfants de feu noble homme Jean Lebourgeois » et
c'était pour le remettre plus tard au sieur d'Héauville, qu'après
entente avec le prieur leur oncle, celui-ci avait mis en vente et le
seigneur des Maretz acheté le droit de patronage.

Testament de messire Ferrand Le Bourgeois. — D'ailleurs s'il
n'y avait point de parenté entre eux, ils étaient du moins liés
d'une étroite amitié : c'est à Pierre de Grimouville, en même
temps qu'à son frère Jacques Le Bourgeois, sieur de Sainte-Croix
à la Hague, que Mre Ferrand fait appel pour l'exécution du testament suivant, que nous citerons malheureusement d'une manière

incomplète, le parchemin étant un péu déchiré sur le côté : « A
« tous ceulx qui ces presentes voirront Nicollas Le Frant garde
« des sceaulx des obligations de la viconté de Coustances salut,
« scavoir faisons que par devant Richard Le Page et Michel Le
« Chertier tabellions royaulx jurés et cōmis en lad viconté en
« siege de Tessy fut présent en personne noble et circonspecte
« personne maistre Ferrand Le bourgeois prieur de hyauville et
« Clitours, sieur de la Haulle lequel de son bon voulloir sans
« auculne contrainte, sachant et considerant qu'il n'est rien sy
« certain que la mort ny choze plus incertaine que lheure ne
« voüllant deceder de ce monde (sans avoir mys ordre a ses
« affaires temporelles), par la grâce de Dieu sain de corps et
« dentendement a faict et ordonne son testament irrevocable et
« desrainne volonté en la forme qui en suit. *In nomine Dñi.*
« *Amen.* Il a donne et recommande son âme à Dieu le suppliant
« par le moyen de son fils Jesus Christ nostre seigneur de (luy
« pardonner tous ses) péchés et offenses. Et après veult et ordonne
« que incontinent après son deceps estre mins a enselpulture en
« l'eglise de hyauville auprès de ces predecesseurs. Et des biens
« que Dieu luy a donnes il veult et ordonne en premier lieu que
« les debtes loyaument (déclarées et reconnues soient payées) de
« ses biens meubles (aussitôt après) son deceps. Davantage
« ordonne et veult qu'ils soyt prins la somme..... tiers pour icelle
« somme estre employée a ses obseques et lunerailles aulmones
« et biens faicts. Item donne a lad eglise de hyauville..... pour
« tresor de lad eglise. Item aulx eglises circonvoysines de lad
« paroisse a scavoir hesleville, Syauville, Vasteville, Tortheuville
« et (Biville) tant aulx tresors que es luminaires desd eglises. Item
« donne a Françoise fille de noble homme Pierre de Grimou-
« ville..... solennelle dix escus. Item donne aux enfants de noble
« homme Jacques Le Bourgeois sieur de Saincte Croix la somme
« de..... a prendre sur tous et chacun des biens meubles qui lors
« de son deceps luy pourroyent appartenir en lad paroisse des
« Pieulx soyt bled bestial..... arrerages de rentes qui se trouve-
« roient deues lors de son deceps en lad paroesse seullement non
« compris en ce present..... de marchandisse que cotes et
« regards faicts entre led sieur prieurs et les personnes vers luy
« obligés en lad paroesse des Pieulx. Item aux enfants soubs
« aāge de feu noble hōme Jean Le Bourgeois en son vivant sieur

« de hyauville qui sont a scavoir Louys..... par semblable il
« donne quitte et deloisse le reste de tous ses aultres biens
« meubles generalement et integralement..... tels qu'ils se puis-
« sent consister tant en lad paroisse et sieurie d'hiauville en la
« maison des soubs âgés et prieuré dud lieu..... et en la paroesse
« de Greville quen aultres lieux sans en faire aucune exception
« ny retenue soyt or, argent, monnoye, argenterie, bestes, bleds,
« arrerages de rentes que toultes aultres espèces de meubles en
« quelque lieu qu'ils soyent ou essence qu'ils se puyssent (estre.
« Et pour l'exécution de) tous les articles contenus cy dessus,
« pour l'entretien du contenu en ce present testament et desraine
« volonté il a nomme et ordonne pour ses executeurs nobles
« hommes Pierre de Grimouville, sieur des Maretz et Jacques Le
« Bourgeois, sieur de sainte Croix ou chacun deulx pour le toult
« les prians de en prendre la charge a faire maintenir et entre-
« tenir ce present de poinct en poinct selon sa forme et teneure et
« a declare led sieur prieur n'avoir faict aultre testament que ce
« present lequel il veult quil soyt entretenu comme son testament
« et desrainne volonté dont du toult il fut contant. Promet led
« sieur prieur tenir ce que dessus avoir pour agréable et non aller
« au contraire su la caution et obligation de tous et chacun ses
« biens meubles et heritages presents et advenir ou qu'ils soyent
« et de ses hoirs, en témoignage de quoy ce present a esté scellé
« des sceaulx a la relation desd tabellions sauf aultrui droict.
« Ce fut faict et passé à la Haye Hue (1) au manoir sieurial dud
« lieu le quatorziesme jour d'apvril viron huit heures du matin
« lan mil cinq cents quatre vingt presens pour tesmoins mre Jehan
« Le Chartier curé dud lieu de la Haye Hue, maistre Pierre Botin
« curé du Guilloum (2), mre Laurent Bonamy lieutenant du
« viconte de Moyon et me Guille Allix advocat en court laye des
« parroesses de Cenilly et Maupertus (3) qui ont signé auvecq led
« sieur prieur a la minutte de ce présent suyvant l'ordonnance. »
Prendre ses précautions ne fait pas mourir et mre Ferrand Le
Bourgeois vécut jusqu'en 1590. On trouve en effet au dos du docu-

(1) Maintenant la Haye-Bellefond, canton de Percy. — Ce fief de la Haye-Hue
appartenait à la famille de la Haye dont était sortie la belle-sœur de
mre Ferrand Lebourgeois, femme de Jean, sieur d'Héauville.
(2) Le Guislain, même canton.
(3) Actuellement Maupertuis, canton de Percy.

ment cette mention : « Ce present a esté insinué et registré au
« registre ordinaire des assises de la viconté de Vallongnes apres
« lestude judiciairement faicte d'icelluy en la court de haulte
« justice dud lieu de Cherbourg par nous Jean Leverrier escuier,
« sieur de Tocqueville, conseiller du roy, lieutenant de mons le
« bailly de Costentin le samedy vingt sixieme jour d'octobre lan
« mil cinq cent quatre vingts dix a la requeste de noble homme
« Louis Lebourgeois sieur de heauville stipulle par Guillaume des
« Moustiers, escuier, pour luy valloir ce qu'il appartiendra. »

Il semble pourtant que m^{re} F. Le Bourgeois ait vraiment
renoncé, au moment où il dictait ainsi ses dernières volontés, à
une partie au moins de ses bénéfices, car, dès l'année suivante,
les gens des finances poursuivaient son successeur à Héauville :
« Les gents des comptes du Roy nostre sire en Normandie a l'un
« des huissiers de la Chambre des dicts comptes sur ce requis, veu
« la requeste a nous présentée par m^{re} Adrian Auber huissier des
« dicts comptes a ce que taxe luy soit octroyée de s'estre, instance
« du procureur général du roy en la dicte chambre et en vertu de
« l'arrest d'Icelle du quinziesme jour de novembre dernier, trans-
« porté en la vicomté de Vallongnes et signiflié au sieur prieur et
« titullaire du prieuré de héauville scis parroisse du dict lieu,
« diocèze de Coustances, vicomté de Vallongnes, en parlant a
« Pierre Messan son fermier dans le dict prieuré qu'il ayt a faire au
« roy le serment de fidellité bailler declaration du revenu temporel
« dud prieuré en la dicte chambre des comptes et obtenir en Icelle
« arrest de dernière main levée veu aussi l'exploit du dict Auber
« du vingt deuxiesme jour de decembre aussi dernier contenant
« ce que dessus, conclusions du procureur général du roy et tout
« considéré taxé avons a icelluy Auber pour ses paines et sallaires
« davoir faict le dict exploit la somme de douze livres et quattre
« livres à celluy qui en fera le recouvrement au payment des-
« quelles sommes le dict sieur Prieur son receveur ou fermier y
« seront contraints comme pour deniers royaux, parceque celluy
« qui sera employé aud recouvrement de la presente taxe ne
« pourra prendre pour ses frais que les dictes quattre livres a
« paine de concussion, de ce faire vous donnons pouvoir, donné
« à rouen le vingt huictiesme jour d'apvril mil cinq cent quatre
« vingt un. » Signé : Langloys.

Et au dos un sieur Pochon reconnait avoir « le cinquiesme

novembre suyvant touché les dictes taxes des mains du sieur titulaire. »

ROBERT LE BOURGEOIS

Ce nouveau prieur était Robert Le Bourgeois (1), neveu de m^re Ferrand, qui venait de résigner la commende d'Héauville en sa faveur et le roi pour lequel on exigeait le serment en question était Henri III.

Vente de quarante-deux livres de rente sur les revenus du prieuré. — Charles IX étant mort en 1574, Henri, son frère, s'échappa de Pologne et vint se faire sacrer à Reims. Mais bientôt la vie intime du nouveau roi et ses tergiversations le rendirent odieux à tout le monde. Les Malcontents s'unirent aux protestants que les catholiques battirent néanmoins à Château-Thierry (1575), ce qui n'empêcha point Henri III de signer l'édit de Beaulieu, favorable aux calvinistes. En réponse, les catholiques condamnant ces concessions intempestives, fondèrent la Ligue, dont les Guise étaient l'âme. Cette Ligue avait pour but de protéger la France contre l'envahissement de l'hérésie. Le duc d'Anjou, dernier prince de la branche des Valois, étant mort en 1584 et cette mort faisant du roi de Navarre, Henri de Bourbon, alors calviniste ardent, le légitime héritier du trône, Henri III comprit l'opportunité de cette union des catholiques. Soit de lui-même, soit sous leur pression, il rapporta alors l'édit de Beaulieu, donna celui de Nemours contre les protestants et se déclara chef de la Ligue! C'était toujours la guerre! Pour la soutenir, on fit une nouvelle brèche aux biens du clergé. Voilà pourquoi, en 1586, le prieuré d'Héauville fut de nouveau imposé. Aussi « le diocèse de Coustances ayant esté cotisé a cinquante mil escus de rente pour sa part de l'aliénation accordée au roy par nostre saint père le pape, c'est presenté (devant les commissaires, etc) vénérable et discrepte personne m^re Pierre André prestre procureur spécialement fondé de noble et circonspecte personne m^re Robert Lebourgeois, prieur de Héauville taxé a quatre cents cinquante livres pour une foys payer lequel a déclaré qu'il expose en vente

(1) Fils de Jean Le Bourgeois, sieur d'Héauville, et de d^lle Françoise de la Haye. Disons à ce propos qu'il y a sûrement erreur dans la recherche de Cha. millard, p. 575, où leur mariage est daté de 1595, alors que Jean Le Bourgeois était mort avant 1580, comme le prouvent les documents cités ci-dessus.

« une pièce de terre nommée les Hougues scises à Héauville con-
« tenant vingt cinq vergées ou viron... Pourquoy a esté ordonné
« qu'il sera informé de sa valleur commodité ou incommodité. »
Signé : du Breuil.

L'enquête ne fut point favorable à cette aliénation territoriale,
car, le 25 février 1587, les commissaires mettaient « en adjudica-
« tion quarante deux livres douze sols de rente hypothèque que
« le sieur prieur d'Héauville a cause de son prieuré a droict de
« prendre sur les aydes et tailles de Coustances et Vallongnes, pro-
« venant d'une partie de remboursement de l'alienation de 1563. »

Cette rente était exposée en vente par Pierre de Grimouville,
sieur des Maretz, au nom de Robert Le Bourgeois; la vente en fut
annoncée à Coustances par Jean Poisson, sergent, aux prônes
paroissiaux par M^{res} Jehan Lechevalier (1) prestre vicaire d'Héauville, Robert Quesnel, prestre curé de Vasteville et elle fut achetée
le 21 mai 1587, par noble homme Jehan de Grimouville, sieur de
Tournebu, au prix principal de quatre cent cinquante livres
versées aux mains de Guille Gisles receveur des decimes.

Ferrand Lebourgeois de nouveau curé d'Héauville. — Au mois
de septembre suivant, Mre André Mesnage donna « par son procu-
rateur m^{re} Louis Ferrand prestre, l'un des six vicaires du grand
autel de la cathédrale, sa démission pure et simple de la cure ou
vicariat perpétuel d'Héauville. » Mre Pierre de Grimouville y
présenta aussitôt noble et circonspecte personne Mre Ferrand Le
Bourgeois; le 23, Nicolas de Briroy chargeait le doyen de la
Hague de l'en mettre en possession et Mre Ferrand Le Bourgeois
devint ainsi pour la seconde fois curé de cet Héauville où il
voulait reposer auprès de ses pères et de ses prédécesseurs.

(1) Jehan Lechevalier, vicaire d'Héauville, issu d'une famille de cette
paroisse, en devint curé quelques années plus tard (14 juin 1591), sur la présentation de noble homme Louis Le Bourgeois, seigneur et patron du lieu,
Ayant résigné son bénéfice en 1615, il fut remplacé le 23 septembre par
Mre Germain Cornières, prêtre du diocèse de Coutances, présenté par noble
homme Robert Le Bourgeois. A la mort de Mre Germain Cornières, la cure
d'Héauville fut, le 17 juillet 1638 conférée à « Mre Pierre Le Bourgeois, prêtre
curé de Siouville, absent, à charge à lui de comparaître dans trois mois et de
laisser l'un ou l'autre de ces bénéfices en temps compétent, suivant les sanc-
tions ecclésiastiques. » *(Renseignements extraits des registres des collations par
M. Leroux, vicaire général).* — On pourra voir au cours de nos *Notes* que
P. Le Bourgeois ne garda Héauville qu'un an et resta curé de Siouville.

Ce fut la dernière présentation que fit à ce bénéfice le seigneur des Maretz. En effet : « Guille Parent escuier, segretaire de la royne mère et garde des sceaulx et obligations de la viconté de Vallongnes pour le roy nostre sire, nous fait scavoir que le 22 mars 1588, devant P. de la Mer et François Landrin tabellions royaulx a Cherbourg, n. h. Pierre de Grimouville, seigneur des Maretz, de Nacqueville et Fourneville donne volontairement à n. h. Louys Le Bourgeois, seig. de Heauville et de la Haulle une pièce de terre assise à Heauville avec le droict a icelle attaché de présentation au bénéfice cure de cette parroisse. Et fut ce contrat passé au manoir seigneurial de Fourneville en présence de nobles hommes Jehan Digeon, sieur de S¹ Clair et Ollivier des Moustiers, sieur du Buisson. »

Procédure contre Richard du Gardin, prêtre de Biville. — A ce moment venait de prendre fin une procédure qui prouve que si l'Église était jalouse de ses privilèges, elle savait imposer aux siens l'accomplissement de leurs obligations envers l'autorité temporelle.

Les du Gardin de Biville n'étaient pas précisément très fidèles à leurs devoirs féodaux. Le 10 mars 1516, Regnault Anquetil, escuier, présidant comme sénéchal les pleds d'Héauville, avait condamné Thomas du Gardin, envers « relligieuse et discrepte personne frère Pierre Henry » à une amende de 9 sols pour défaut de présence en gage-plège. Pourtant, le 30 janvier 1485, les du Gardin, dans un acte de partage, se reconnaissaient « hommes et tenants de la seigneurie de Heauville » pour une grande partie de leurs terres. Il en fut de même, le 15 mai 1533, dans les partages faits devant Pierre Marie, tabellion à Cherbourg, entre Richard, fils aîné, Thomas et Aubin, puisnés de feu Jean du Gardin. Ils y reconnaissaient tenir du sieur prieur une fiefferme assez considérable « en terres, rentes, droicts de gravage, de huches, reliefs, treisiesmes et tout autre droict de la fiefferme et le bernage attachés à la première part » qui, entre autres charges, paiera « trouys bouissels de forment mesure marchand de Cherebourg « avecque deux gaschons de fourment, deux guellines, deux souls « tournois au terme S¹ Pol et les services qui deubs sont au prieur « d'Heauville. » C'est tout ce que nous en pouvons dire n'ayant entre les mains qu'une copie en fort mauvais état de la deuxième part ; dans laquelle on voit pourtant encore que le roi possédait alors les revenus du tènement cédé autrefois par le prieur

d'Héauville à Thomas de Gorges, puisque cette deuxième part est
grevée de « soixante souls de rente a payer en deux termes au
compteux de Vallongnes a cause du douaire de la dame de
Gorges du nombre de huit livres cinq souls quatre deniers tz ».
« Item à l'abbaye de nostre dame du Vœu près Cherbourg deux
souls qui furent donnés et osmosnés pour estre participans es
prières de lad abbaye, item un bouissel de bernage passant par les
mains de monsieur de Méautis autant qu'ils y peuvent estre
subjects. »

En 1585, ou comme gardien par autorité royale des mineurs
Lebourgeois, héritiers de la sieurie, ou à son propre compte,
Pierre de Grimouville dut percevoir une taxe extraordinaire.
Richard du Gardin, devenu prêtre, était, pour sa part, coté à sept
escus qu'il refusa de payer. Honorable homme Guillaume Damou-
rette le poursuivit au nom de Mre Pierre et obtint de l'officialité
de Valognes (9 juillet 1585) la condamnation du réfractaire « au
paiement de la taxe due à son seigneur temporel et cela sous
paine de suspense. » Le 11 mars 1586, maistre Richard en
appelle à l'officialité métropolitaine; l'appel est admis, mais aussi
la première sentence est confirmée le 22 avril 1587 et le condamné
ne tenant compte ni de la taxe ni de la suspense, le 23 février
1588, il est excommunié par une nouvelle sentence de l'officialité
de Rouen, dont « communication est faicte à toutes les officialités
et gens de loi du pays de Costentin » ainsi qu'au sieur curé de
Biville, Mre André Lefils, qui en accuse réception et promulgation
le 17 octobre 1588. Maître Richard du Gardin se soumit enfin!!

Mre Robert Lebourgeois résigne le prieuré. — Mais Robert
Lebourgeois était tout jeune et seulement deuxième fils de Jean,
qui avait épousé Françoise de la Haye vers 1565, il ne pouvait
guère avoir plus de douze à treize ans quand il avait été pourvu
du prieuré d'Héauville. Aussi, son frère aîné, Louis, étant mort
sans avoir été marié ou du moins sans enfants, Robert, simple
clerc tonsuré, résigna le prieuré en abandonnant l'état ecclésiastique et cela avant 1600, car alors il était devenu seigneur
d'Héauville et il n'est point question de son titre de prieur dans
l'affaire suivante. « Le 13 avril 1600, Jean de Tourlaville escuier,
seigneur du lieu, bailly de Bricquebet fait savoir qu'en vertu
d'une nouvelle convention passée devant François Pergeaux et
Jacques Lohier tabellions à Bricquebet, nobles personnes

m^re Jacques d'Anneville sieur et curé de Couville et m^te Helie Ogi.e, escuier sieur de la Haulle et du Quesney en son nom et au nom et comme tuteur des enfants soubz aagés de defunt m^re Louys Ogier (1) vivant escuier son frère, annulent un précédent contrat passé le 5 septembre 1597 devant Jean Griffon et son adjoint tabellions à St Sauveur le Viconste avec noble homme Robert Feuardent (2) sieur de Brucourt les obligeant envers ce dernier à lui constituer sur eux-mêmes une rente hypothèque de 400 livres par chacun an, vertu d'une dette de 4000 livres tz dont il était créancier sur feu n. h. Guillaume Loir, vivant sieur de Quesney (3) et de Helleville do^^ 'ls étaient héritiers. D'après la teneure de ce contrat les dél   ..es devaient constituer la rente sur les biens qu'ils possédaient dans la vicomté de Valognes; sans tenir compte de cet engagement, ils ont constitué la dite rente sur des domaines de la vicomté de Bayeux. Robert Feuardent en refuse les titres; des arbitres d'abord, ensuite les assises de Valognes donnent gain de cause au sieur de Brucourt. Alors pour en finir lesdits debiteurs passèrent la nouvelle convention par laquelle ils ont volontairement et librement quitté ceddé et délaissé a fin dheritage pour eux et leurs hoirs aud sieur Feuardent et a ses hoirs un fief ou vavassorie noble nommé le fief de Helleville

(1) Ce Louis Ogier était fils de Arthur Ogier et d^lle Andrée Loir, mariés en 1543. — Les Ogier, de vieille noblesse, blasonnaient : *de sable, au bois de cerf d'or, surmonté d'une rose, avec un croissant d'argent en pointe.*

(2) Les Feuardent, famille d'ancienne noblesse portant les mêmes armes que la vieille et importante maison de Clamorgan : *(d'argent, à l'aigle éployée de de sable, brequée et onglée d'or),* semble de longtemps établie à Eculleville, d'où elle s'était répandue dans la Hague et le reste du Cotentin. — Au moment de la Révolution, on les trouvait encore à Eculleville, dont ils étaient seigneurs et où ils habitaient la maison actuellement appartenante à M. Lemoigne, député de Cherbourg, — à Jobourg, où ils étaient venus à la suite de plusieurs alliances avec les Durevie et les de Mary (1570 et 1600). On trouvait, en 1791, parmi les suspects de cette paroisse : « Jacques François Feuardent et Elisabeth Lefort, sa femme, ci-devant nobles père et mère de deux émigrés, et ayant encore huit enfants chez lui. » — Les armes des Feuardent et des Clamorgan ressemblent aussi de très près au blason des anciens de Hennot.

(3) Plusieurs fiefs du pays portaient le nom de Quesnay, entre autres à Carteret, à Conville, à Valognes. Celui de Valognes était le plus important des trois susnommés, mais ici il s'agit du fief du Quesnay situé à Golleville, comme le prouve l'aveu rendu au roi par Hélie Ogier après la mort de Guillaume Loir (archives de la Manche, série A, 3178).

situé en la paroisse de Helleville et autres lieux ou il s'extend consistant en domaine fieffé et non fieffé, hommes, hommages, rentes en deniers, froments, avoine, œufs, oiseaux, aides et services de quelque qualité qu'ils soient et autres espèces de rentes. Auquel lieu y a manoir et maison partie en ruine, aussi un moulin a eau faisant de bled farine auquels y a subjects à moutteurs, etc., y a aussi place à droitture de colombier... et aussi tous autres heritages rentes tenues en roture du dit sieur du Quesney dans la parroisse de Helleville et parroisses adjacentes...... lequel fief ou vavassorie les dits sieurs ont dit estre tenu du prieuré de Heauville estant cy devant dependant de l'abaye de Marmoutiers et sa valeur le cas offrant par quinze livres tz payables par les hommes de la dite sieurie a cause duquel est deubt aud prieuré de Héauville quatre pains et quatre gelines de rente au terme de Noel pour toutes rentes et services dont led sieur du Brucourt faira lacquit pour ladvenir et les droits et debvoirs sieuriaux qui en sont deubs sans y appeler lesd heritiers. La dite cession faicte en solution de lad rente de 400 livres et des arrérages montant à 500 livres. De plus le sieur du Brucourt s'est soumis a payer les depens et les treiziesmes au prieur de heauville et les sieurs de Couville et du Quesnay demeurent chargés d'acquitter mre Jean Feuardent, escuier, curé de Grouville (1) de la somme de cinquante escus envers le sieur esconome de l'abaye de St Sauveur le Visconte et aussi trente escus deubs par le même à mtre Jean Mouchel sieur du (Servins?). A charge pour le sieur acquereur de supporter le bail de lad terre et sieurie d'Helleville faict pour cinq ans à Jean Frigoult au prix de 200 livres par chacun an. »

Deux prêtres de Grouville, vénérables personnes Mres Nicolle Hairon et Jean Nor signèrent comme témoins cet acte qui fut « publié par moy Jean Gervais, prê're vicaire de Helleville le « 18 juin 1600 en presence de mres Julien Fortin et Sebastien « Lefillastre prestres, Pierre et Michel Lefillastre, Jean Coquoin, « Germain Gervais, filips Coquoin, Guillaume Lahaye. »

Cette dette ainsi liquidée venait de ce que Guillaume Loir avait « vertu de clameur de retrait » racheté le fief du Quesnay en donnant au sieur Feuardent le prix de 8000 livres que ce dernier

_____

(1) Probablement Grosville. En 1614, Mr Feuardent était doyen des Pieux.

l'avait recemment payé. Lesquelles 8000 livres avaient été remboursées par le versement immédiat de 4000 et la constitution de cette rente de 400 livres, à laquelle la cession d'Helleville servait de remboursement, « soubs l'approbation des parents « et tuteurs consulaires des enfants soubz aagés dud defunt « messire Louys Ogier cy après nommés c'est à scavoir, « m^re Jacques d'Anneville sieur et curé de Couville; Georges « Ogier verdier de Vallongnes; Jean de la Grange, sieur de Beau- « mont; Robert Laillier, escuier; Jean Lepoictevin, sieur de « Montfort; Richard Le Biez, vicomte d'Alençon; Thomas Gires, « sieur de la Borderie; Jacques Julien, sieur d'Arpentigny; « Jacques Quévastre, sieur de la.....; Thomas Laisant, advocat, et « Richard Varin, sieur des Bouillons. »

Mais Robert Feuardent ne fut pas plus heureux dans l'acquisition de Helleville qu'en celle du Quesnay car, le 19 octobre suivant, « par clameur de retrait au droict féodal de sa sieurie de Héau- ville noble homme Robert Le Bourgeois, sieur d'Héauville, Syouville, Helleville, Byville et la Haulle à Gréville se fait trans- porter par le sieur de Brucourt le fief de Helleville, moyennant remboursement du prix versé, par le paiement de 2000 livres en plusieurs termes et la constitution de 200 livres de rente hypo- théquées sur le dit fief et sur tous les autres biens de l'acquéreur. »

Le lendemain, pour s'aider à payer, Mre Robert Le Bourgeois vend « devant François Lelebure et pierre Allain tabellions aux « pieux pour le siège de St Sauveur le Visconte a honnestes « hommes Yvon et Guillaume ditz Frigoult frères de la parroisse « de Helleville... c'est à scavoir tous et chacun les heritages du « domaine non fieffé de la vavassorie de Helleville... sauf les « droicts sieuriaux auxquels seront tenus par foy et hommage les « dits Frigoult. Et fut faicte ladicte vente pour la sōme et prix de « mille escus payables en plusieurs termes et dont 666 sont « constitués en rente ypothèque redymable en quatre termes... »

Comme l'indiquent les titres dont il se qualifie et les achats qu'il fait, Robert Le Bourgeois accroissait grandement sa fortune. Il lui donna une nouvelle extension par son mariage, en 1616, avec d^lle Marie de Mathan (1), dame de Ducy, dont il eut plusieurs enfants que nous retrouverons bientôt.

(1) *De gueules, à deux jumelles d'or, et un lion passant d'or en chef, armé et lampassé de même.*

JACQUES HERVIEU, sieur DE MONTHUCHON

Mais nous le disions il y a un instant, en succédant à son frère
Louis, Mre Robert Le Bourgeois avait résigné le prieuré d'Héauville. Cette résignation, avec ou sans conditions, fut faite à un de
ses parents, Mre Jacques Hervieu, sieur de Monthuchon, cadet de
la maison de Sauxemesnil, qui portait *d'azur au chef d'argent
chargé d'un lion passant de gueules.* Ce nouveau prieur était fils de
Guillaume Hervieu et de Guillemette Le Bourgeois, mariés en 1561.

GILLES RAVALET

Jacques Hervieu demeura une quinzaine d'années en possession
de la commende d'Héauville, puis démissionna en faveur de Gilles
Ravalet, moyennant une pension de trois cents livres à prendre
sur les revenus du prieuré. Cette nouvelle résignation eut lieu
dans les premiers mois de 1614; cela résulte de cette collation de
comptes dont nous avons parlé en racontant la vente de la sieurie
« collation faicte a la requeste de noble et discrepte personne
« m^{re} Gilles Ravallet, prieur du prieuré de Héauville sur les
« comptes estant au sécrétariat de l'évesché de Coustances par
« m^{re} P. Leroux, prestre notaire et secretaire ordinaire aud
« diocese le 27e jour de juin 1614. »
  Ce Gilles était le deuxième fils de Julien II Ravalet et de
d^{lle} Jeanne Dumoncel; il avait deux frères, dont l'aîné, Charles,
épousa, en 1635, Jacqueline de Hennot (1) et le jeune, Thomas,
se maria, en 1638, à Françoise de Camprond (2).
  Gilles avait d'abord embrassé l'état ecclésiastique, mais bien
qu'âgé de vingt-sept ans en cette année 1614, il était et demeura
simple clerc tonsuré. Nous verrons un peu plus loin qu'il conserva
le prieuré d'Héauville seulement une année environ. Abandonna-
t-il dès lors sa vocation plus ou moins forcée? Je ne saurais le

(1) *D'or, à l'aigle de sable, becquée et onglée d'or,* vieille noblesse. Remarquer
la similitude de ce blason avec ceux des Clamorgan et des Feuardent. — Une
autre famille de Hennot soi disant anoblie en 1510, portait : *de gueules, au
croissant d'argent, accompagné de trois étoiles d'or, 2 en chef et 1 en pointe.*
  (2) *D'argent, à une quintefeuille de gueules.*

dire; toujours est-il qu'en 1655, il épousa d^{lle} Barbe d'Auxais (1).
Leurs fils Jacques et Tanneguy continuèrent la lignée des Ravalet
de Sideville. Charles et Thomas semblent n'avoir point eu
d'enfants, et c'est là sans doute la raison qui amena le mariage
de notre Gilles.

UNE FOURNÉE DE PRIEURS

A qui, en 1615, Gilles Ravalet avait-il résigné son bénéfice? Je
n'en sais rien au certain. Probablement cependant à m^{re} Joachim
Néel qui, par acte du 10 octobre 1624, « assure au sieur Jacques
« Hervieu pendant que lui dit Néel serait prieur la pension de
« trois cents livres qu'il s'était réservée des revenus dud prieuré
« de Héauville. » Puis Mre J. Néel résigne à son tour en faveur de
Mre Guillaume Girard, prêtre du diocèse d'Avranches, habitué de
St Germain de Paris et ce dernier prend possession par procureur
en date du 16 septembre 1625. Mais, pour une raison inconnue,
la discorde s'éleva bientôt entre les deux contractants et, en
septembre 1626, ils plaidaient devant le baillage de Valognes.

Mre Jacques de Monthuchon, voyant sa pension menacée dans
ce conflit, avait cru pouvoir reprendre ses droits et s'y subroger
Mre Philippe Riolan, qu'un certifiat du 20 décembre 1628 nous dit
être « estudiant en l'Université de Paris. »

Ce nouveau titulaire attaque aussitôt le sieur Girard, « plaide le
faux de sa procuration pour prise de possession et de la sentence
soi disant rendue par le bailli de Cotentin ou son lieutenant à
Vallongnes, envoyant le dit Girard en la dite possession dud
prieuré. »

Par malheur, volontairement ou non, ces pièces avaient disparu
du greffe de Valognes et de ce fait Jacques Guiffard pour lors
greffier et Susanne Jourdan, veuve de l'ancien appelé Pierre
Lemesnier ou Lemercier, etc, sont poursuivis, condamnés à la
prison et Mre Riolan leur réclame 6000 livres d'indemnité.

Renvoyé par le conseil privé du roi au Parlement de Rouen, le
5 mars 1630, le procès se complique des prétentions d'un nouvel
aspirant, Pierre Leroux, substitué au droit du sieur Joachim Néel.
L'imbroglio est porté au grand conseil du roi qui, le 22 mars 1633,

(1) *De sable, à trois besants d'argent, 2 et 1.* — Très ancienne noblesse.

sans trancher absolument le différend, renvoie à trois mois, pour plus amples informations, le prononcé définitif de la sentence. En attendant, toutefois, il condamne Guiffard, Susanne Jourdan, Hervieu, Mahaut, Lamarre, Cousin, Messan, Lecomte, Allain défaillants aux dépends envers Riolan, demandeur, et à la restitution des fruits à l'égard de Riolan et Girard.

Cette sentence provisoire est signée « *Collier.* »

Je ne sais au juste comment cela finit, mais en cas de litige la nomination des bénéfices appartenant au roi, je crois qu'alors le sieur de la Roche, dont nous trouverons bientôt le nom dans un procès de dîmes, fut pourvu du prieuré d'Héauville.

Les enfants de Robert Le Bourgeois — A cette époque, Robert Le Bourgeois, seigneur d'Héauville, était mort laissant plusieurs enfants. Antoine lui succéda en ses seigneuries; deux autres, Charles et Louis, embrassèrent l'état ecclésiastique et, suivant l'usage du temps, la famille s'ingénia à les enrichir de bénéfices. Aussi, le 22 août 1634, alors qu'il avait au plus quatorze à quinze ans (son père s'était marié en 1616 et Louis n'était pas l'aîné), le 22 août 1634, dis-je, « Charles Lebourgeois, clerc ayant purement « et simplement donné sa démission de chapelain de Sainte Julie « en la paroisse de Ducy » d^{lle} Marie de Mathan, dame de Ducy, veuve de noble homme Robert Le Bourgeois, conféra cette chapellenie, à son autre fils Louis, clerc du diocèse de Coutances.

L'institution canonique fut donnée par Ambroise Le Gaustié, vicaire général de l'évêque de Bayeux, Ducy étant situé dans la sergenterie de Cheux, élection de Caen.

Louis Le Bourgeois curé d'Héauville. — Un autre Le Bourgeois, peut-être parent des sieurs de Héauville, mais n'appartenant point à la branche anoblie, se prêta, lui aussi, un peu plus tard, à cette accumulation de bénéfices sur la tête de Mre Louis, car « le 17e jour de Juillet 1639 par devant Robert Dumoncel et « Jacque La Haye tabellious royaux en la vicomté de Vallongnes « pour le siège des Pieux a heauville fut present en sa personne « discrepte personne m^{re} Pierre Le bourgeois prestre curé de « Syouville lequel de son gré et bonne volonté a remys et par ce « present remet aux mains d'Anthoisne Le bourgeois escuier, « seigneur et patron de heauville a ce present le benefice de lad « paroisse de heauville duquel la collation avait esté prise par led « sieur curé de Syouville de la nomination et bonne volonté dud

« sieur de heauville patron de lad paroisse et presentant aud
« benefice. Lequel sieur curé de Syouville a rendu grâce aud
« sieur de heauville de l'amytié et bonne volonté dont il avait usé
« en luy faisant lad nomination a son benefice et advantago et a
« promys aud sieur de heauville por le recompenser pryer por
« luy et ses amys vivants et trespassés ce qui a esté ainsi accepté
« par led sieur de heauville aux charges et conditions ordinaires
« présent por tesmoins m^re Guille Langloys, sieur de la Pallyere. »
Et Louis Lebourgeois, clerc, est présenté à cette cure dont la
provision lui fut accordée le 13 janvier 1640 par Mre Adolphe Le
Pileur, vicaire général de Mons. Léonor de Matignon.

Mais le nouveau titulaire ne garda pas longtemps ce bénéfice,
puisque, le 2 avril 1643, le même vicaire épiscopal donnait à
« noble maistre Floxel du Chevreuil, recteur de l'église de saint
« Pierre de Helleville et notaire apostolique commission de mettre
« en possession réelle de la cure de saint Germain de Héauville,
« M^tre Robert Lecompte (1) pretre du diocèse de Bayeux. » Ce qui
fut fait le 4 avril après-midi « en présence de m^tres Richard Le
« Terrier, prêtre et vicaire dud lieu, Guillaume Leconte, prestre,
« Vincent, Robert et Nicolas Messent, Jean et Nicolas Bigard,

(1) Robert Lecomte était encore curé d'Héauville le 16 juillet 1679, alors que
Mre J. B. Hache de la Mothe, chanoine de Coutances, archidiacre de Cotentin,
visita l'église en présence du dit sieur curé, de Jacques Lemasson, Nicolas
Bonamy, prêtres, Joachim Le Briseur, clerc, Robert Le Briseur, trésorier. — Le
curé déclara que tous ses paroissiens avaient satisfait au devoir pascal et
avança trois livres pour le nouveau rituel; c'est que le trésor n'était guère
garni : les trésoriers ne rendant point de comptes. C'est pourquoi l'archidiacre
intima au sieur curé de les poursuivre s'ils ne s'exécutaient pas avant Saint-
Michel prochain. Mais Mre Robert Lecomte n'en eut pas le loisir, il mourut peu
de temps après cette visite; car, le 28 novembre suivant, Mre Jacques Bonamy,
prêtre, curé de Sainte-Marie d'Audouville, recevait la collation de l'église de
Héauville, à la présentation de Mre Charles Le Bourgeois, prêtre, seigneur et
patron du lieu. Ce Mre Jacques Bonamy, originaire d'Héauville, en fut curé au
moins quarante-cinq ans, il eut pour successeur, entre 1723 et 1726,
Mre Thomas Marion.

Pendant les nombreuses années du ministère de J. Bonamy et sous ses successeurs, les archidiacres visitèrent souvent la paroisse. M. Leroux, vicaire
général de Coutances, a bien voulu faire des vingt-quatre procès-verbaux
restant de ces diverses visites, un résumé qu'il nous a très aimablement communiqué. Ne pouvant, à cause de leur étendue, reproduire en notes ces
renseignements si intéressants pour l'histoire locale, nous les donnerons en
supplément.

« Richard Moulin, Jean Messent et beaucoup d'autres habitants
« de la paroisse à ce priés et avec nous soussignés. »

GABRIEL MIGNOT

En 1648, les Lebourgeois furent menacés de perdre la sieurie
d'Héauville. Le prieur d'alors obtint en effet, le 16 février, en
conseil du roi, l'avis stipulant « que nonobstant les lettres et
« chartres données en confirmation des ventes des biens et
« propriétés dud prieuré, led prieur dhéauville peut rentrer dans
« le fief de héauville mais led prieur seroit toujours obligé de
« rembourser les deux mil huit cents livres qui sont le prix prin-
« cipal de lad alienation. » Toutefois, ce titulaire ayant, pour une
raison ou pour une autre, résigné le bénéfice, il ne fut point
donné suite à cette idée. Le remplaçant, Mre Gabriel Mignot, se
contenta de joindre les revenus encore considérables du prieuré à
ceux de son abbaye de Folleiaux.

LOUIS LEBOURGEOIS

Bientôt même (1656), Mre Gabriel abandonna Héauville à Louis
Lebourgeois, dont le frère, Antoine, n'eut plus dès lors à craindre
le rachat de la sieurie.

Louis Lebourgeois, après avoir suivi les cours de Sorbonne,
avait obtenu le grade de bachelier en théologie (1640). Nommé
alors abbé commendataire de Chantemerle (diocèse de Troyes), il
devint de plus (31 juillet 1642) chanoine et grand doyen
d'Avranches (1). Après avoir conservé cette charge jusqu'au
23 juin 1656, Louis Lebourgeois la résigna en faveur de son frère
Charles, licencié en théologie, curé de Carnet (2), que sa science
et la pureté de sa vie rendaient bien digne de cette haute situation. Charles Lebourgeois fut, en effet, un savant fort apprécié de
son temps (3); il tenta même la poésie, mais y réussit moins bien
que son frère.

En résignant son décanat, Mre Louis Lebourgeois avait voulu

(1) *Gallia christiana*, x1e col., 509.
(2) Sur la présentation de son frère qui, comme grand doyen, était patron de
Carnet et de Vains.
(3) Ses œuvres furent imprimées à Paris, chez Josset, en 1703.

recouvrer sa liberté et pouvoir s'établir au séminaire de Valognes
où il seconda l'abbé de la Luthumière (1) dans la fondation de ce
collège dont la vie si brillante et si pleine d'avenir (1655-1675) fut
brusquement arrêtée par d'implacables ennemis. Ce fut là que
Louis Lebourgeois composa un ouvrage assez remarquable, inti-
tulé : *Œuvres spirituelles en vers français, où sont contenus les
devoirs du chrestien et l'histoire des mystères de Notre Seigneur
Jésus Christ et de la Sainte Vierge en forme de cantiques* (2). Sans
nul doute, c'est cette œuvre que signalait le *Bouquiniste* d'Aubry
(mars 1858) sous le titre de *Catéchisme en vers dédié à Monseigneur
le Dauphin par d'Héauville, curé de Chantemerle*. Notre prieur
publia aussi à Avranches (1663) son *Esclaircissement de l'abysme
de la mer* (3) et à Rouen (1670) la *Chronologie des Evesques
d'Avranches*.

Ayant après l'intervention de Louis XIV perdu toute espérance
de voir se rouvrir les cours du séminaire de Valognes, Louis
Lebourgeois désira rentrer en sa charge de grand doyen. Son
frère s'y prêta volontiers et notre prieur reprit, le 4 octobre 1677,
possession du grand décanat d'Avranches, qu'il occupa cette fois
jusqu'à sa mort, arrivée en septembre 1680.

Procès à propos des dîmes de Biville. — Mais revenons sur nos
pas et disons qu'aussitôt sa prise de possession du prieuré d'Héauville (1656), Mre L. Lebourgeois avait engagé un procès à propos
de dîmes contre le curé de Biville, Mre Laurent Couppey, ancien
habitué de Saint-Germain de Paris. Voici l'adjuration solennelle
par laquelle, le 17 mars 1657, s'ouvre à Valognes une nouvelle
procédure : « En exécution de l'arrest du conseil du roy du tren-
« tiesme mars dernier, le seigneur abbé de héauville, prieur du
« prieuré de St Martin de héauville faict plainte à Dieu et à
« l'Eglise pour avoir temoignage de ceux qui ont cognoissance

(1) Les autres principaux collaborateurs de l'abbé de la Luthumière furent :
Noël Berthauld, de Tamerville; Robert Bazan, prieur de l'Hôtel-Dieu de
Valognes; G. Lefillastre, sieur de Faouq; Guillaume Couppey, sieur des Drouves,
et François Le Trésorier.
(2) Cet ouvrage, édité à Paris, en 1684, chez Hélie Josset (1 vol. in-12), est
classé à la bibliothèque de Cherbourg sous le n° 4061.
(3) M. Le Héricher, *Avranchin monumental*, III, p. 13, nous signale ce livre
comme faisant partie de la bibliothèque de Cherbourg. Et vraiment, il est
inscrit sans nom d'auteur au n° 2106 du catalogue si complet, si étudié, établi
et publié par M. Amiot, bibliothécaire-archiviste de la ville.

« comme aux années passées et de toulte memoire d'homme les
« possesseurs et titulaires dud prieuré, leurs fermiers, agents et
« préposés ont pris, recueilly et transporté à leur proffit particu-
« lier les dismes des bleds croissants sur plusieurs héritages de la
« paroisse de biville au préjudice des curés de lad parroisse sans
« que les sieurs curés y missent aucun contredit ny empesche-
« ment..... et que les dicts curés en auroient payé le prix de la
« ferme entre les mains desd sieurs prieur ou fermiers généraulx
« de lad prieuré de héauville..... »

En même temps, Mre Louis Le Bourgeois présente à Mre Guillaume Basan « la commission d'ouyr et examiner les temoings par
« luy appelés » sur les diverses questions posées dans la pièce
précédente. Et « l'an mil six cents cinquante et sept le mercredi
« traisiesme jour de juin à Valloignes en la chambre de conseil
« nous Guillaume Basan escuier, seigneur et patron de Querque-
« ville et Montaigu, conseiller du roy, lieutenant antien civil au
« baillage de Costentin pour la vicomté dud Valloignes procédant
« requeste de Me Laurent Couppey prestre curé de la paroisse de
« biville a l'execution de la commission a nous addressez par
« larrest du grand conseil donné à paris entre led Couppey pbre
« demandeur dune part, Robert Messent et ses enfans deffendeurs,
« Me Gabriel Mignot abbé de Folleiaux et cy devant prieur du
« prieuré de héauville prenant le fait et cause pour lesd Messen
« deffendeur d'autre et Me Louys Le bourgeois esc. abbé de
« Chantemerle, prieur de heauville par la résignation dud Le
« Mignot aussi d'autre part........ ayant pour adjoint convenu par
« lesd parties, Me Jean baptiste Martin advocat nostre greffier
« ordinaire en ce baillage..... avons jurer et examiner sur lesd
« faits de possession et sur les monitoires obtenus du sieur official
« de ce lieu et faits publier en lad parroisse de biville et autres
« parroisses des environs suyvant que den faire, les temoings
« assignés par led sieur prieur de heauville..... »

L'interrogatoire eut d'abord lieu à Valognes où comparaissent :
« François Regnet de la parroisse de biville âgé de cinquante et
« quatre ans deubment juré de dire vérité et examiné..... A dict
« qu'il ne scait cause en son âme et conscience qui l'empesche de
« dire vérité ce quil a prouvé faire disant..... Que feu Me Germain
« Varengue de son vivant curé de lad parroisse de biville le
« proposa pour assembler les dixmes de lad parroisse ce quil fist

« et a fait par lespace de quatorze ans pendant lesquelles il
« demeurait chez led sieur curé durant la moisson et comme en
« ce temps là led sieur Varengue se plaignoit souventes fois que
« le revenu de la cure de biville estoit de fort peu dimportance et
« que sil nestoit bon mesnager il auroit de la peine den vivre le
« deposant par un jour senhardit de luy dire quil ny avoit guère
« de cure comme la sienne dans tout le pais qui receust toutes les
« dixmes de sa parroisse comme il faisoit, a quoy led sʳ Varengue
« curé luy respondit en ces termes, tu ne dis pas que jen paye
« cinquante francs a heauville, sans s'expliquer autrement.....

« Nicolas henry de la parroisse de Biville aagé de cinquante et
« deux ans..... dict qu'il a toujours ouy dire par bruit commun
« que feu mᵉ Germain Varengue curé dicelle payait au fermier du
« prieuré de heauville la somme de cinquante livres par an.....
« dict de plus qu'il y a environ vingt neuf ou trente ans que le
« deposant se trouva en la grange de dixme du manoir presby-
« teral dud biville ou il battoit de la paille que led sʳ curé donnoit
« a la dame de heauville et estant arrivé a lad grange led sʳ de
« Varengue, un nommé jacque jeanne de heauville qui pour lors
« demeurait a biville qui battoit a lad grange auvecque le deposant
« dist au sʳ curé qu'il estoit bienheureux davoir seul les dixmes
« de sa parroisse et que le curé de Sciouville nestoit pas de
« mesme, mais led sʳ Varengue repartit..... quil en payoit
« cinquante livres tous les ans a Robert Msssend fermier du
« prieuré pour la part que led sieur prieur avoit auxd dixmes de
« biville. »

Le lendemain, jeudi 14, deux nouveaux témoins sont interrogés. Nous donnerons de larges extraits dé leurs réponses,
comme d'une partie des autres interrogatoires, qui nous feront
connaître une foule de détails intéressants pour l'histoire locale et
nous permettront de vivre au naturel, pendant quelques années,
la vie ancienne de ce coin de terre.

C'est d'abord Toussaint Regnet, de la paroisse de Biville, âgé de
soixante ans, qui « dict que pendant que Mʳᵉ Germain Régnet p̄bre
« son frère estoit curé de lad parroisse il demeuroit auvec luy au
« presbytère et se souvient..... avoir esté présent comme led son
« frère payoit lesd. cinquante livres entre les mains dun nommé
« Guillaume Langloys qui les alloit quérir pour le sieur de Mon-
« thuchon hervieu lors prieur..... sçait aussy que led sʳ de Mon-

« thuchon mist un petit garçon qu'il avoit nommé Jean Jacque
« en pension chez led sieur Regnet curé son frère qui tenoit
« lescolle par cinquante livres par an ou il demeura trois ans. Ils
« compensoient lesd cinquante livres de pension a pareille somme
« que led sʳ curé son frère payoit par an aud sieur de Monthuchon
« pour lad dixme..... Après le deceps dud sieur Regnet, mᵉ Germain
« Varengue fut nommé curé et parceqne luy dict deposant faisoit
« pour lors profession de tabellion il hantoit souvent chez le sieur
« Varengue auquel il a entendu dire par plusieurs fois quil payoit
« toujours lesd cinquante livres pour les dixmes tant aud sʳ de
« Monthuchon qu'a ceux qui luy ont succédé.

« Dict davantage quil y a viron vingt ans que par un jour du
« mois d'aoust ou septembre passant auprès dune piece de terre
« nommez le Siquet qui apartenait a feu mᵉ Jean Regnet prestre
« il y trouva led sieur Varengue curé et led mʳᵉ Jean Regnet
« qui contestoient ensemble sur ce que led mʳᵉ Jean Regnet
« prestre avoit empesché aux valletz dud sieur curé de prendre la
« dixme sur lad piece du Siquet parcequil disoit quelle aparte-
« noit au prieur de heauville, sur quoy led Varengue dist aud
« Regnet pᵇʳᵉ quil navoit point de raison ny d'interest d'empes-
« cher lad dixme et quil en estoit d'accord auvec les fermiers dud
« prieur ausquels il payoit chacun an la somme de cinquante
« livres pour leur droict de dixme. »

Jean Frapied, aussi de Biville et âgé de vingt six ans « il y a
« neuf ou dix ans par un jour de caresme prenant estant allé
« auvec Jean Frapied son père voir led sieur Varengue curé de
« biville auquel son père avoit vendu des moutons pour en avoir
« largent, après que led sʳ curé eut payé ce qu'il en debvoit il luy
« bailla la somme de cinquante livres et le pria de les porter a
« Robert Messend fermier du prieuré de héauville et de luy en
« raporter acquit..... »

Mais Mʳᵉ Louis Lebourgeois ayant, par le ministère de Pierre
Quesnel, Michel Regnet et Jacques Leconte sergents, assigné
quarante et quelques nouveaux témoins, Guillaume Basan trouva
plus pratique de se déplacer lui-même que de faire voyager tout
ce monde, aussi « le jeudi vingt et unième jour de juin..... assisté
« de mᵉ Jean Baptiste Martin advocat adjoint convenu par lesd
« parties..... estant arrivé aud lieu de biville..... nous sommes

« retirés a la maison de pierre du Gardin escuier (1) prochaine de
« lad eglise ou parvenus avons procedé a jurer et examiner lesd
« temoings en secret et particulier comme il en suit. »

Donnons seulement quelques extraits de ces nouveaux interrogatoires.

Et d'abord « Mre Robert Le Comte prestre, curé de heauville
« aagé de quarante deux ans..... deposo quil y a onze ou douze
« ans que feu mre Germain Varengue pbre curé de biville luy
« ayant presté la somme de trente livres, comme il luy les voulu
« rendre lcd Varengue luy pria de les payer a Robert Messend
« fermier general de la prieuré de heauville en deduction de
« cinquante livres quil luy payoit sur le traict de dixme que le
« prieur avoit dans lad parroisse de biville et sur la difficulté que
« fist lcd messend de compenser lesd trente livres au deposant
« sur debtes que lcd Messend luy debvoit il paya lesd trente livres
« aud Varengue.

« Dict de plus que quelque temps apres que sestant rencontré
« auvec lcd Varengue curé en son presbitère sur plusieurs propos
« quils avoient les uns auvec les autres du revenu de leurs bene-
« fices lcd Varengue se plaignit de ce que lcd Messend luy avoit
« haussé lcd traict de dixme et quil seroit obligé sil continuoit a
« luy tenir ceste rigueur de demander une pension congruë a
« cause que le revenu de sa cure a ce quil prestendoit nestoit pas
« suffisant de se faire subsister et vouloit obliger le deposant de
« se joindre auvec luy pour faire pareille pretension contre le
« sieur prieur de heauville qui estoit en ce temps la le sieur de la
« Roche, ce quil ne voulut accepter et scait bien le parlant que la
« cure de biville vault plus de quatre cents livres de rente, a
« toujours ouy dire que lcd sieur prieur avoit un droict de dixme
« dans la parroisse de biville comme dans la parroisse de helle-
« ville ce quil a ouy dire aux plus anciens des parroissiens de
« heauville et biville... »

« Mre pierre le bourgeois pbre curé de Seyouville aagé de
« soixante et sept ans..... dict que feu mre Nicolle Lepetit pbre de
« la parroisse de heauville qui se disait chappelain du prieuré

<hr>

(1) Pierre du Gardin, tout récemment anobli (janvier 1653), avait pris ou
reçu pour blason : *d'azur, chargé d'un aigle d'argent, becquée et armée d'or,
adextrée d'un soleil d'or.*

« dud lieu laporta da s ses jeunes ans au prieuré de biville dont
« estoit curé m⁰ André Le Fiz et qui y tenoit lescolle et prenoit
« pensionnairés ou led Le petit prestre latascha pour y demeurer
« pensionnaire auvec les autres et se souvient que led Lepetit luy
« dist quon luy laisseroit ce quil payoit pour les dixmes aud
« prieuré de heauville pour le prix dud ataschement et pension et
« y demeura lespace de quattre a cinq ans a ceste condition..... »

Brien Le Fils, de la parroisse de Branville à la Hague, âgé de
45 ans, arrière-neveu de Mᵉ André et Guillaume Hamel de Sainte-
Croix « ayant espousé Jacquette Le fils niepce dud sieur curé »
viennent l'un après l'autre corroborer la déposition de Pierre
Lebourgeois.

Louise Regnet, femme de Gilles Le Coq (65 ans), et Michelle
Agnès, femme de François Regnet (45 ans), toutes les deux de
Biville, nous racontent que la première, il y a vingt-cinq ans, la
seconde, une douzaine d'années, étant allées « prier le sieur
« Varengue de leur prester un boisseau de bled, il refusa si elles
« n'avaient point d'argent, qu'il en avoit affaire pour payer
« cinquante livres qu'il payoit a heauville..... »

Mᵉ Raoul Colombel (44 ans), prêtre, curé de Sainte-Croix-
Hague, ne nous apprend rien de nouveau; Guillaume Varengue,
bourgeois de Cherbourg, dit que son frère, Mᵉ Germain, fut curé
de Biville « par lespace de trente huit ans » et Vincente Varengue
rapporte « quelle a demeuré un an de temps chez le sieur son
« onele qui la maria en ceste parroisse a André Moulin et pour ce
« hantoit continuellement en sa maison, luy ayant par plusieurs
« fois ouy dire quil debvoit et payoit chacun an cinquante livres a
« la prieuré de héauville..... et presque toujours quand elle luy
« demandait de largent, quil venoit d'en donner au vallet du
« sieur prieur..... »

Mᵉ Michel Voisin (46 ans), prêtre de la paroisse de Vasteville,
qui a servi, il y a huit ou neuf ans, de vicaire au sieur curé de
Héauville, où il allait dire la messe chaque jour, Richard Lepelletier et Jean Frapied ont accompagné le sieur Varengue allant
payer Robert Messent.

Thomas Estard (67 ans), de Biville, « dict quil y a quarante ans
« quand mᵉ G. Varengue vint curé de ceste parroisse, luy parlant
« demeura par lespace de quattre a cinq ans dans le presbytère
« quil tenoit à ferme et y alloit et venoit led sieur Varengue les

« jours de festes et dimanches, pendant lequel temps il se souvient
« luy avoir ouy dire quil payoit cinquante livres au prieuré de
« héauville..... »

« Pierre Quesnel sergeant de la parroisse de Vasteville (42 ans)
a sur la requisition de m° G. Varengue exécuté Jean Letullier de
la même parroisse de Vasteville qui lui devait soixante trois livres
pour vente de marchandise et a ledict sergeant versé lad somme
pour le droict de dime qui appartenoit au sieur prieur. »

Et Thomas Frapied, de Héauville, un des domestiques du
fermier général du prieuré fut, quelques jours après, chargé par
son maitre de rapporter à Mre G. Varengue « une pistolle d'Espagne
qui nestoit de poids. »

« Gilles de Ravalet, escuier, sieur du Mezeret, aagé de soixante
« et dix ans, demeurant à Sideville....., dict qu'il estoit titulaire
« du prieuré de heauville il y a viron trente cinq ou trente six
« ans et ayant pris possession dud prieuré aprist et recognent
« que led prieuré avaict un traict de dixme dans la parroisse de
« Biville et que le curé en jouissait, ce qui l'obligea daller trouver
« led curé qui se nommoit m° Germain Varengue pour luy en
« demander raison et luy dict qu'il falloit qu'il en payast, led
« Varengue curé sy accorda librement et luy en promist payer
« quarante livres comme il avoit accoustumé de payer a prece-
« dent, a quoy le parlant sarresta parceque il ne savoit point
« encore ce que la chose valoit et ne posseda led prieuré que viron
« un an, pour lequel il receut vingt livres par les mains du sieur
« Ravalet son frère qui les avoit recueillies et pour les autres
« vingt livres ayant quitté et résigné led prieuré il les remist aud
« Varengue en considération de quelques obligations quil luy
« avoit et a sa prière..... » Toutes assertions que confirme Thomas
de Ravalet (64 ans), sieur du lieu, frère de Mre Gilles et demeurant
aussi à Sideville.

Mre Michel Lepelletier, prestre de la parroisse de Biville, âgé de
28 ans, et d^{lle} Perrette de Bricqueville veuve de maistre Jean du
Gardin sieur de Biville agée de 76 ans ne font que parler du bruit
commun reconnaissant la dette des curés envers le prieuré
d'Héauville.

Pierre du Gardin, escuier, sieur des Monts, âgé de 37 ans, est
plus explicite que sa mère; il a, dit-il, « cognoissance que le
« s^{r} Varengue curé de Biville et led sieur Coupey a present curé

« ont perceu les dixmes de lad parroisse sans contredict daucune
« personne jusques en lannée dernière quil y fut troublé par le
« sieur prieur de heauville auquel le sieur parlant a ouy dire par
« bruit commun que les curés de Biville ont toujours payé la
« somme de cinquante livres par an..... »

Puis, sur la requête de M¹⁰ Jacque Langloys, prestre, représentant notre prieur, les commissaires vont interroger « en sa maison
en laquelle il gist malade » M¹⁰ Germain Moulin, prestre de Biville,
âgé de quatre vingt deux ans ou viron, mais « son examen » n'a
d'autre résultat que de fatiguer le vieillard. Enfin, nous disent les
enquesteurs « dautant que lheure estoit tarde nous nous sommes
« retirés jusques a demain au matin que nous nous transporte-
« ront en Digulleville ». Et effectivement le lendemain il se
rendent dans cette paroisse « en la maison de m⁰ Gratian Lesdos (1),
« escuier, prestre curé dud Digulleville et doyen de la Hague ou
« parvenus avons trouvé led sieur doyen..... aagé de soixante et
« dix ans et luy avons declaré le subject de nostre voyage..... qui
« estoit de l'examiner sur le fait des dixmes sur plusieurs héri-
« tages de la parroisse de Biville prétendues par le s¹ prieur de
« heauville.....

« Et a dict led sieur Lesdost escuier..... quil y a quarante cinq
« ans ou viron quil est doyen de la hague et pour le doubt de sa
« charge a tousjours cogneu les cures de son doyenné du nombre
« desquels est celuy de biville et comme il arriva a lad charge
« m⁰ Germain Regnet, prestre estoit curé de lad parroisse de
« biville auec lequel il contracta particulière amitié parcequils
« auoient estudié a paris en sorbosne ensemble, pourquoy il se
« visitoint ou voyoint souvent dans lesquelles led Regnet luy a
« dict par plusieurs et diverses fois que le prieur de heauville
« auoit un droict de dixme de biville pour laquelle il estoit

(1) En 1610, M⁰ Gratien Lesdos, escuyer, prestre, etc., avait pris à fieffe la
terre et seigneurie de Digulleville. Cette seigneurie appartenait aux religieux de
Notre-Dame du Vœu qui, en 1617, la fieffèrent pour cent vingt livres de rentes
à noble homme Hervé du Moncel, seigneur de Martinvast, celui-ci la céda aux
mêmes conditions à noble homme Nicolas Diesnis (1632). Huit ans après,
Gratien Lesdos en était en possession et elle resta à sa famille jusqu'en 1710,
alors un Digulleville Lesdos la rétrocéda à M. de Beaumont. (*Archives de la
Manche*, II. 2577).

« accommodé auec le fermier dud prieuré par argent qui poyoit
« tous les an et mesme a veu led Regnet en payer aud fermier du
« prieuré qui se nommait ce luy semble le bienvenu sans neant-
« moins le pouvoir nommer au certain. Et apres que led Regnet
« fut decedé mᵉ Germain Varengue ptre fut promeu a lad cure de
« biville de laquelle il le mist en possession en qualité de doyen
« et parceque led Varengue estoit encore son allié, mesme pour
« le deubt de sa charge de doyen ils se voyoint souvent et luy a
« tousjours ouy dire que tout le temps qu'il a esté curé il
« payoit par an pour lad dixme aux fermiers dud prieur
« croit quil en payoit cinquante livres par an et a cognoissance
« asseurée que led. Varengue paya encore la derniere annez quil
« mourut..... »

Puis, séance tenante, Mʳᵉ G. Basan ordonne l'envoi de tous ces
interrogatoires au greffe du grand conseil du roy pour le compte
duquel était faite l'enquête et, séance tenante aussi, le sieur curé
de Biville refuse de faire comparaître qui que ce soit et proteste
« de nullité de ce que tous les temoings cités ont pu raporter au
« benefice dud sieur prieur de heauville comme estant lesd faits
« contraires aux termes dud arrest et se reserve dy dire ce quil
« advisera bien au grand conseil. »

De plus, le curé de Biville s'était réclamé du *Livre blanc* pour
prouver son droit, car « Pierre Quesnel sergeant royal ce jourd'hui
« cinquiesme jour d'aoust mil six cents cinquante et sept..... j'ay
« fait et donné assignation a mᵉ Laurent Couppey p̄bre curé de
« byville en son manoir presbiteral en parlant a son nepveu.....
« de comparoir jeudi prochain a Coustances dix a unze heures du
« matin devant le grand portail de leglise cathedrale dud Cous-
« tances pour voir certain extraict de certain article contenu au
« livre des archives de lad église dont ils pretent se servir au
« procez pendant au Grand Conseil..... presence de Mathurin
« Lemaignen p̄bre Louis et Jean Bourget. » Et vraiment le jeudi
suivant, 9 août, s'accomplit à ce propos une cérémonie racontée
tout au long par « Pierre Bernier sergeant royal en la vicomté de
« Coustances a la requeste de mʳᵉ Louis Lebourgeois..... stipulé
« par noble et discrepte personne mʳᵉ A. du Mesnil ducy p̄bre
« curé de la parroisse de Saint Sauveur Lendelin présent en
« personne, je me suis comparu et transporté devant le grand
« portail de leglise cathedrale nostre dame dudict Coustances

« pour faire appel de la personne de mᵣₑ Laurent Couppey
« suivant l'assignation a luy donnée..... et après avoir appellé led
« sieur curé par plusieurs fois a haulte et intelligible voix et veu
« quil na comparu ny envoyé pour luy devant led portail jay vers
« luy prononcé et donné deffaut....... »

Le conseil du roi donna-t-il raison au prieur? Tout semblait
prouver son droit pour le passé mais, en 1629, une constitution de
Louis XIII avait établi que : « Les Cures qui sont à présent unies
« aux Abbayes, Prieurez..... seront doresnavant tenües à part en
« titre de Vicariat perpetuel, sans qu'à l'avenir lesdites Eglises
« puissent prendre sur icelles cures autres droits qu'honoraires,
« tout le revenu demeurant au Titulaire, si mieux lesdites Eglises
« et autres Benefices dont dépendent lesdites cures, n'aiment
« fournir ausdits curez la somme de trois cents livres par an (1). »
C'était, semble-t-il le cas pour Biville encore attaché au prieuré
d'Héauville et à la nomination du prieur, puisque Mʳᵉ G. Varengue
menace de le forcer à lui fournir la *portion congrue.*

La cure de Biville n'était d'ailleurs pas aussi pauvre que le
plaignoit Mʳᵉ G. Varengue : d'après l'extrait d'un pouillé du
xviiᵉ siècle que M. E. Fleury, vicaire de chœur à la cathédrale, a
eu l'obligeance de nous communiquer, elle valait 500 livres et
payait 30 livres de décimes, Helleville, d'égale valeur, ne payait
que 24 livres. Quant à Héauville, rapportant seulement 300 livres
à son curé, il n'était soumis qu'à un décime de 13 livres.

Et maintenant, quelle valeur attribuer à ce « pouillé » qui,
d'ailleurs, n'est qu'une copie faite sous l'épiscopat de Mᵍʳ de
Loménie de Brienne « tirée sur une autre copie faicte l'evesché
« vacant, par la mort de messire Eustache de Lesseville arrivé le
« 3ᵉ decembre 1665 et a laquelle copie il doit être faict beaucoup
« d'additions et corrections suivant le temps présent »? Tout ce
que j'en puis dire, c'est que l'observation du dernier copiste est
on ne peut plus exacte, du moins en ce qui nous concerne, puisque le pouillé en question donne encore le prieur d'Héauville
comme patron de la paroisse alors que le patronage était aliéné
depuis bientôt cent ans et qu'il attribue le patronage de Biville au
prieuré de Vauville qui ne l'a jamais possédé.

(1) Cabassut, *Juris canonici theoria et praxi*, p. 66.

R. V. DE GOURMONT DE COURCY

En 1680, à la mort de Louis Le Bourgeois, Mʳᵉ René-Vercinge-
torix de Gourmont de Courcy fut pourvu du prieuré d'Héauville.
Il portait : *d'argent, au croissant de sable; au chef de gueules,
chargé de trois roses d'or*. Sauf le croissant, ce sont les armes des
Mary; ce qui ferait soupçonner une commune origine à ces deux
familles, sorties d'ailleurs des mêmes quartiers, puisque le fief
primitif de Mary était assis à Saint-Cosme-du-Mont et que les
diverses branches des de Gourmont, eux aussi de fort ancienne
noblesse, habitaient Varreville, Saint-Germain-de-Varreville,
Angoville-au-Plain, Saint-Marcouf (1).

Notre nouveau prieur, comme son nom l'apprend assez, appartenait aux Gourmont qui tenaient à Carquebut l'important fief de
Courcy, dont dépendaient entre autres terres une partie de Varouville (la Binetterie (2)) et même un morceau de Clitourps.

En 1696, nous trouvons Mʳᵉ Vercingetorix de Gourmont, chanoine de Coutances et prieur d'Héauville, s'occupant, sous
l'impulsion de Mᵍʳ de Brienne, d'une enquête sur la sainteté et les
miracles du bienheureux Thomas (3), au cours de laquelle dépo-
sèrent Mʳᵉˢ Laurent Couppey, ancien curé de Biville, André
Estard, qui avait été son vicaire, Jacques de Briroy, alors curé de
cette paroisse, Pierre du Gardin, âgé de quatre-vingt-dix ans et
seigneur de Biville (4), Jeanne Coguelin, sa femme, François, leur
fils, etc.

Le 11 mars 1698, Mʳᵉ de Courcy devint grand pénitencier
après la mort de Philippe du Buisson. En 1705, M. de
Gourmont, licencié en l'un et l'autre droit, chanoine et grand

(1) Cantons actuels de Sainte-Mère-Église et Montebourg.
(2) Fief principal de Varouville; ce fief s'appela longtemps aussi Courcy et
Tronville.
(3) Disons à ce propos que dernièrement nous avons rencontré le nom d'un
prieur d'Héauville que nous n'avions pas signalé, à savoir frère Jean de Rouville
qui, le 19 octobre 1317, participa, avec Allain, curé de Biville, et plusieurs
autres personnages ecclésiastiques, à la fondation de la confrérie du bienheureux Thomas (Trigan, *Vie de M. Paté*, p. 313).
(4) Il avait acheté cette sieurie en 1661 de l'abbé et des religieux de Notre-
Dame du Vœu, moyennant 180 livres de rente foncière et seigneuriale.
(Arch. de la Manche, H, 2397).

11

pénitencier, faisait toujours partie de la commission d'enquête signalée plus haut, dont le siège fut transféré à Coutances par ordonnance épiscopale du 24 avril.

Le 14 août 1720, notre prieur permuta la grande pénitencerie contre la prébende de Saint-Sauveur-Lendelin avec le sieur de Lurienne.

Six ans plus tard (12 juin 1726), à la mort de Pierre Huc de la Roque, M. de Gourmont devint archidiacre de Coutances, puis grand chantre le 19 octobre 1731, après le décès de M. Le Roux de Néville.

Mre R. V. de Gourmont de Courcy mourut à Coutances le 5 mars 1746, à 8 heures trois quarts du soir (1).

Prieur d'Héauville pendant plus de soixante ans, M. de Courcy, n'imitant point en cela la plupart des commendataires, dépensa loyalement ce qui fut nécessaire à l'entretien (2) de cette maison encore considérable pourtant, si nous nous en rapportons à l'état de lieux que nous fournit pour 1729 M. Demons en ce manuscrit qui appartient au Grand Séminaire et dont nous avons déjà parlé.

« On voyait alors, dit-il (3), au prieuré de Héauville une chapelle, « une salle, un dortoir, une cuisine, un réfectoire, un cloître et « d'autres appartements, des granges, des écuries, des remises, « etc., le tout ayant trois cents pieds de longueur sur trente de « largeur. »

Nous ne saurions au certain donner le nom du successeur immédiat de Mre de Gourmont à la commende de notre prieuré, et il nous aurait fallu clore ici la liste de ses titulaires si M. Ernest Fleury ne nous avait aimablement communiqué une procédure de 1770 découverte aux archives de l'évêché et dans laquelle nous avons trouvé le nom de :

M. l'abbé DAGUÉ

La procédure en question s'ouvre par une supplique de Pierre

---

(1) Ces derniers renseignements ont été puisés aux archives de l'évêché par M. E. Fleury, actuellement prosecrétaire. — Voir aussi la *Vie du bienheureux Thomas*, par M. Gilbert et *Gallia christiana*, xi, col. 921.

(2) État de diverses dépenses qu'il serait superflu d'énumérer ici.

(3) P. 31.

de Thieuville, seigneur d'Héauville, Baudain (1), curé, du syndic
et communs habitants pour prier l'évêque d'intervenir et de
forcer « et abstraindre M. l'abbé Dagué prieur commendataire,
« qui possède les deux tiers des dixmes tant grosses que menues
« à fournir un vicaire aux termes des ordonnances du roy, pour
« aider le sieur curé dans son ministère. Jusqu'ici et depuis long-
« temps il y a eu des prêtres de la paroisse qui vivaient chez eux
« et qui voulaient bien seconder le sieur curé dans ses fonctions,
« jusqu'au dernier qui est mort il y environ un mois..... la
« paroisse est étendue et difficile à desservir, les hameaux etant
« extremement écartés les uns des autres,.... ce qui sera la cause,
« si Mgr n'y apporte remède que le troupeau de cette paroisse va
« estre dispersé ça et la comme autant de brebis errantes, qu'un
« grand nombre d'habitants perdront la messe et seront en
« danger de pérdre leur âme; dans cette paroisse il y a quatre
« cent quatre vingt dix habitants et communiants sans compter
« les enfants au dessous de sept ans qui n'ont pas moins besoin
« d'instruction que les grands. »

Pour répondre à des prières si pressantes, Mgr de Talaru, alors à
Paris, donna par ordonnance du 13 juin, commission à M. Gravé
de la Rive, vicaire général, curé et official de Valognes, d'étudier
la question et aussitôt (21 juin) celui-ci annonce par un rescrit sa
visite pour le 19 juillet, donnant en même temps ordre de publier
les susdites requêtes et ordonnances par trois dimanches consécutifs au prône de la paroisse. Ce qui fut fait comme en témoigne
le certificat du curé.

Le 19 juillet, accompagné de son greffier ordinaire, Me Jean-
Louis-Nicolas Dubois, prêtre, Mre de la Rive était au rendez-vous
par lui assigné :

« Nous sommes fait, dit-il dans son procès-verbal, représenter

(1) Ce Baudain avait succédé à Mre Thomas-Aimond Marion comme curé
d'Héauville entre 1740 et 1753, puisque lors de sa visite archidiaconale du
12 may 1740, M. de Moutaing, licencié ès droits, curé de Bricquebecq et depuis
de longues années archidiacre de Cotentin, trouva encore comme curé d'Héauville Mre T. A. Marion et qu'en celle du 1er août 1753, Mre Jacques Lefèvre du
Quesnoy, docteur en Sorbonne, abbé commendataire de Saint-Sauveur-le-
Vicomte, vicaire général, archidiacre de Cotentin, visita l'église devant
Mre Alexandre Baudain, curé, Pierre Simon, prêtre, Simon Le Carpentier,
trésorier, Urbain Voisin, custos. — Ce Mre Al. Baudain mourut en 1781, après
avoir gouverné la paroisse pendant environ trente ans.

« le rôle à sel et avons trouvé que le nombre des familles monte
« à 117 et le nombre des habitants à 492, sur quoy le dit sieur
« curé nous a représenté que les enfans au dessous de l'âge de
« sept ans ne sont pas inscrits sur le rôle dont le nombre monte
« à 128 et ensuite sommes montés à cheval et avons été visiter les
« hameaux de la dite paroisse pour en connaître la distance. Et
« avons trouvé que le hameau Bigard est éloigné d'un quart de
« lieue de l'Eglise et le hameau de la Paillière d'une demi lieue,
« le hameau Carpentier de plus de un quart de lieue, le Pont
« Helland de plus d'une demi lieue, la Roque de plus d'un quart
« de lieue, le hameau de la Rivière d'un quart de lieue, le hameau
« de Blanchepierre d'un quart de lieue et demi, le hameau
« Riglon d'une demi lieue et avons trouvé la plupart des chemins
« de la dite paroisse très rudes et très mauvais et les dits villages
« à peu près aussi éloignés les uns des autres qu'ils le sont de
« l'Eglise et les hameaux Riglon et Pont Helland les plus éloignés
« et le plus peuplés. »

Et M. de la Rive s'en retourna tranquillement après avoir
ordonné que copie du présent procès-verbal serait délivrée aux
suppliants. Ce qui fut fait le 27 juillet et fut sûrement tout le
profit qu'ils en retirèrent.

La Révolution. — Fin du prieuré comme maison religieuse. —
Mre Dagué était-il encore commendataire d'Héauville au temps de
la Révolution? Cela est au moins possible puisque Mgr de Talaru,
dont nous avons aussi rencontré le nom dans la procédure précédente était encore évêque de Coutances en 1789.

Quoiqu'il en soit, le prieuré eut le sort de toutes les maisons
religieuses : d'abord il perdit ses dîmes dont la valeur était considérable et cela sans compensation aucune.

Il est incontestable que la dîme était pour le clergé séculier et
régulier un droit acquis par des services, des donations ou des
contrats. Si ce droit était devenu gênant pour la culture et pour
l'appréciation des terres, qu'on le transformât, rien de mieux, c'est
d'ailleurs ce qui fut fait pour les dîmes laïques déclarées rache-
tables, c'était justice!

Pour les dîmes ecclésiastiques, Mirabeau et Chasset député du
Beaujolais, prétendirent qu'elles n'étaient point une propriété à
racheter, mais un salaire à transformer. Plusieurs évêques, l'abbé
Maury, l'abbé Sieyès lui-même combattirent éloquemment cette

thèse spécieuse. Tout fut inutile! L'intérêt des grands propriétaires (1) était d'accord avec les passions révolutionnaires; l'abolition pure et simple fut votée (août 1789). « Ils veulent être libres et ils ne savent pas être justes », dit Sièyes. C'était bien le moindre de leurs soucis; leur but, avouait Mirabeau, était de décatholiciser la France; ils n'avaient fait que le premier pas.

Toutefois ils ne s'attardèrent pas en chemin. Après avoir (2 septembre) dépouillé les églises de la majeure partie de leur argenterie, le premier novembre l'Assemblée décrète la suspension des vœux monastiques; le 2 « les biens du clergé sont mis à la disposition de la nation ». Comme si la nation avait droit de dépouiller à son profit une partie de ses membres.

Pour justifier cet acte, le calviniste Jurieu ne craignit pas d'avancer pour une maxime indiscutable que : « le peuple est la seule autorité qui n'ait pas besoin de raisons pour valider ses actes ». Outre qu'ici comme ailleurs on fait dire au peuple ce qu'il n'a jamais chargé personne de dire et qu'on pose en son nom des actes dont il n'a jamais donné commission, cette maxime qui fait encore aujourd'hui le fond de beaucoup d'agissements, est aussi subversive de tout ordre que contraire à la saine philosophie en attribuant à l'homme ce qui n'appartient même pas à Dieu, c'est-à-dire le pouvoir de créer la justice par une volonté arbitraire.

Mais ces considérations n'étaient pas capables d'arrêter les énergumènes qui dirigeaient l'Assemblée Nationale, aussi dès le 1er décembre il fut décidé que l'on vendrait des biens du domaine de l'Eglise jusqu'à concurrence de quatre cents millions et pour être certain de ne rien oublier dans leurs confiscations, par un décret du 5 février 1790, ils obligent tous les ecclésiastiques à déclarer eux-mêmes le nombre des bénéfices et pensions dont ils jouissent.

Je n'ai point rencontré la déclaration que dut faire alors le prieur d'Héauville, mais voici celle (2) du curé : « Je soussigné, « curé de Héauville, déclare à M. M. les officiers municipaux de « la ville de Cherbourg que je suis titulaire et en possession du « Bénéfice cure de la Paroisse de Héauville, dont est Patron

(1) Je connais un membre de cette assemblée, dit Sièyes, qui, à l'abolition pure et simple des dîmes ecclésiastiques, gagnera trente mille livres de rente.

(2) Extraite du registre GG, 86, concernant les dîmes et rentes seigneuriales par M. Amiot, bibliothécaire de Cherbourg.

« S¹ Germain et que je ne possède aucun autre bénéfice ni
« pension sur bénéfice.

« A Cherbourg le 19 mars mil sept cent quatre vingt dix.

« Signé : Baudain (1), curé de Héauville. »

Ce bénéfice cure n'était pas considérable; en voici d'ailleurs

(1) Ce M. Baudain, né à Urville-Hague, avait succédé (1781) à M. Alexandre
Baudain, probablement son proche parent. — Sa conduite au temps de la
Révolution fut déplorable. En effet, le directoire du district de Cherbourg,
dans son *Avis sur les prestations* du serment à la Constitution civile du clergé,
écrivait à la date du 10 mars 1791 à l'article Héauville : « Tout le clergé fonc-
« tionnaire public et les s⁹ Guilbert, Belhôte et Le Barbenchon ont satisfait et
« prêté le serment civique avec l'énergie de la vérité et le civisme le plus pur. »
Et quelques-uns de ces malheureux prêtres ne s'arrêtèrent pas là : le
24 février 1791, Jean Postel et Jacques Guilbert, prêtres d'Héauville,
« abdiquent pour toujours la prêtrise et veulent vivre en bons républicains. »
Le curé n'eut pas plus de vertu, aussi, le 22 mars suivant, Baudain, curé
d'Héauville, écrit au directoire du district, en déposant ses lettres de prêtrise,
qu' «.il ne désire plus aucun titre que celui de citoyen de Cherbourg. »
Pourtant l'esprit de la paroisse, soutenu peut-être par quelque prêtre fidèle
ou du moins tombé moins bas, semble avoir été meilleur que celui de son
curé, car, le 15 floréal, an II (5 mars 1791), l'agent national de Cherbourg écrit
au comité du salut public à Paris : « L'esprit public se soutient dans notre
« district, hormis une commune, Héauville, où se manifestent des principes
« contraires à l'établissement des fêtes décadaires. L'agent national de cette
« commune me la dénonce comme se portant par un fanatisme contre-révolu-
« tionnaire à encombrer l'ouverture du Temple par l'introduction dans la
« serrure, de pierres, de fer, etc., au grand contentement des aristocrates. Les
« coupables seront découverts et punis. »
Toutefois les menaces de l'agent cherbourgeois, si elles furent répétées aux
« coupables », n'arrêtèrent pas immédiatement leurs exploits, car, le 27 prairial
(12 juin 1791) le citoyen Lenoir, membre de l'administration générale du
district de Cherbourg, est nommé « commissaire pour informer à Héauville
« contre les auteurs fanatiques et adhérents des fanatiques qui ont bouché
« avec des pierres l'entrée de la clef du Temple dédié à l'Éternel, pour
« empêcher la célébration de la fête décadaire, en insultant les patriotes. »
(Renseignements recueillis aux archives départ. par M. Leroux, vicaire général
de Mʳ l'évêque de Coutances).
Je ne sais ce que devint le sieur Baudain; toujours est-il qu'après le
Concordat il ne revint pas à Héauville et, le 10 novembre 1803, Mᵍʳ Rousseau
y nomma M. Bon-Honoré Lemaître, prêtre de Saint-Pierre-Église qui, après
avoir prêté serment à la Constitution civile du clergé, avait été curé constitu-
tionnel de Fermanville, mais racheta bientôt cette faiblesse, car sommé de
remettre ses lettres de prêtrise, ce qui équivalait à l'apostasie de son sacerdoce,
M. Lemaître refusa énergiquement et fut emprisonné à Cherbourg.

l'acte de vente; quoique cette aliénation ait été faite bien posté-
rieurement à celle du prieuré, nous donnerons dès maintenant ce
document (1) pour n'avoir plus à revenir sur ce sujet.

« Du 27 Messidor, an 4 de la République.
Nous, Administrateurs du Département de la Manche, pour et
au nom de la République ..
Avons vendu au Citoyen Viel-Hautmesnil (2), demeurant à
Cherbourg, représenté par le citoyen Charles Hauduc, domicilié à
Saint-Lô, vertu de procuration, etc......, les domaines nationaux
dont la désignation suit :
1° Les bâtiments composant le cidevant presbitère de Héauville-
Hague, consistant en maison manable, granges, étables, pressoir,
cellier, boulangerie, et une vieille masure, avec la cour et puits,
ainsi que le jardin potager et deux petits jardins plantés en
pommiers; le tout en circonstances et dépendances, jouxté et
borné au levant par la rue allant à la prieurée, du midi par la rue
du hameau de la Rivière, et du couchant et septentrion la veuve
Hennot.
Les dits biens dépendant de la ci-devant cure de Héauville-
Hague, exploités en 1790, par le cidevant curé sont vendus avec
leurs servitudes actives et passives, etc.....
moyennant la somme de deux mille cent livres payable entre les
mains du Receveur des domaines nationaux de Saint-Lô.
                        Le Hurey, C. Hauduc, Aug. Asselin. »

Le prieuré, nous l'avons déjà dit, avait été vendu beaucoup
plus tôt. Voici la copie de la mise à prix par les experts et de la
première adjudication.

« Le prieuré de Héauville consistant en un tenement de maisons

(1) Archives de la Manche. — Extrait du plumitif des ventes du district de
Cherbourg.
(2) Jean-Baptiste Viel-Hautmesnil, notable bourgeois de Cherbourg, fut un
des douze élus le 21 novembre 1789 pour assister à l'instruction des procès
criminels. Officier municipal (21 février 1790), il fut en septembre désigné pour
faire partie de la commission de l'hôpital. J.-B. Viel semble avoir été un
modéré et avoir mis tout son zèle à sauvegarder ou à augmenter sa fortune.
Les achats que nous le verrons faire de biens du clergé le prouvent
évidemment.

se consistaat en une maison manable, grange, étable, pressoir, un jardin et une pièce de terre labourable nommée le jardin de la Boulangerie, portées au capital de deux mille deux cents livres.

Une pièce de terre nommée le jardin de l'Echelle, portée à six cent soixante livres.

Deux pièces de terre nature de prey nommés les preys de la Prieuré portez à seize cent cinquante livres.

Un prey de quatre vergées avec un étang et une pièce de terre nommée le jardin de la Fontaine, portez à deux mille six cent quarante livres.

Une pièce de terre labourable nommée les Restaux portée à quatre mille quatre cents livres.

Une autre pièce nommée le jardin Bizolet portée à trois mille quatre-vingt livres.

Une autre pièce de terre nommée la grande Herbage, portée au capital de sept mille neuf cent vingt livres.

Une autre pièce de terre nommée la petite herbage, portée à cinq mille cinq cent livres.

Une autre pièce de terre nommée la Pointe portée à neuf cent quatre vingt dix livres.

Une autre pièce nommée le Clos de la Porte de haut portée à huit mille trois cent soixante livres.

Une autre pièce nommée le Clos de la Porte de bas portée à six mille cent soixante livres.

Une autre pièce nommée la Couture de haut portée à trois mille cinq cent vingt livres.

Une autre labourable nommée la Couture de bas portée à deux mille quatre cent vingt livres.

Un tennement de terre nommées les clos du Buisson et le Sequeret porté à trois mille sept cent quarante livres.

Une autre pièce de terre en landage ou bois Jean nommée le Petit Catillon portée à huit cent quatre-vingt livres.

Une pièce de terre nommée le Grand Catillon même nature portée à deux mille deux cents livres.

Ce qui fait en total la somme de cinquante six mille trois cent vingt livres, et a le sieur Philippe (1) persisté à la soumission et

(1) Le sieur F. M. Philippe, ingénieur en chef des travaux de la rade et du port, fut à Cherbourg un fougueux partisan de Robespierre. Dans la réaction qui suivit le 9 thermidor, accusé par ceux-là même que la peur avait fait ses

porté sa premierre encherre à la susdite somme, ce qu'il a signé
après lecture.

Philippe, Avoine (1).

La soumission dudit sieur Philippe a été surenchérie par le sieur
Gauvain à cinquante sept mille livres, par le sieur Auvray (2) à
cinquante sept mille cinq cents livres et par le sieur Philippe a
cinquante huit mille livres, et attendu que personne n'a voulu
encherir, la premiere encherre reste fixée à la susdite somme de
cinquante huit mille livres, et avons du consentement du procureur syndic renvoyé l'adjudication delfinitive au vendredi quatre
fevrier prochain, ce qui a été fait en l'absence des commissaires
d'Heauville qui ne sont point presentez, et a le sieur Philippe
signé pour la première enchere après lecture.

Philippe, Avoine. »

Il eut été vraiment dérisoire d'adjuger 470 vergées de terre dont
270 de bonne qualité pour 58,000 livres. L'adjucation définitive
éleva un peu cette enchère, mais laissa malgré tout ces biens à un
bon marché excessif même pour le temps; en voici l'acte :

« L'an mil sept cents quatre vingt onze, le vendredy quatrieyme
jour de fevrier, en la salle du sieur Langlois située rüe Grande
Vallée de cette ville de Cherbourg, devant nous Administrateur
du Directoire du District et à la requête de M. le Procureur
général sindic du Département de la Manche, par M. le Procureur
Sindic du District il a été procédé à la seconde et dernière
encherre de l'adjudication finalle des biens nationaux dont la
désignation suit :

complices, « Philippe, conducteur d'ouvrages, membre du comité révolution-
« naire, dépourvu de moyens, immoral, matérialiste et athée » fut désarmé
avec les plus compromis des terroristes cherbourgeois. Ce semble avoir été sa
seule punition.

(1) Avoyne, procureur de la Commune, puis agent national, est différend de
Avoyne de Chantereine qui d'abord chargé des intérêts de Cherbourg à Paris
devint procureur syndic du département de la Manche. Accusé de fédéralisme
par Delalande, ami de Lecarpentier, Chantereine ne dut son salut qu'à la
chute de Robespierre.

(2) Avait été élu le 4 juillet 1790 vice-président du district de Cherbourg.

Savoir :

. . . .

« Le Prieuré d'Heauville consistant en un tennement de maisons manables de fond en combles, granges, étables, pressoir, faisant le tour de la cour avec un petit jardin de douze perches servant de jardin potager, joignant les dittes maisons.

Une pièce de terre labourable nommée le jardin de la Boulangerie du contient de vergée et demie.

Une pièce de terre nommée le Jardin de l'Echelle du contient de trois vergées.

Deux pièces de te... nature de prey de cinq vergées nommés les preys de la prieuré.

Lesdits objets cy dessus ayant pour jouxte et butte du levant le sʳ Dodeville ainsy que du mydy et la rüe de la Longue Croix allant à la mer, du couchant la rüe des Granges tendante à l'Eglise et du septentrion le cimetierre de l'Eglise de Heauville et le Jardin de dessus l'étang et les jardins Bisolet.

Un prey du contient de quatre vergées avec un étang et une pièce nommée le Jardin de la Fontaine du contient de trois vergées.

Une pièce de terre labourable nommée le Restot du contient de dix huit vergées.

Une pièce de terre nommée le jardin Bisolet du contient de quatorze vergées.

Les objets cy dessus s'entretiennent ensemble ayant pour jouxte et butte du levant le sʳ Docteville, du mydy les près appartenant à la dite prieuré et le cimetierre de l'Eglise du dit lieu, du couchant la rüe allant de l'Eglise à celle de Vasteville ainsy que du septentrion.

Une pièce de terre nommée la Grande Herbage du contient de quarante vergées, jouxte et butte du levant le sʳ de Tibouteaux, du mydy la rüe de l'Eglise de Vasteville allant à la mer, du couchant la pièce nommée la Pointe appartenante à la dite prieuré, et du septentrion le clos du Buisson et la Petite Herbage.

Une pièce de terre nommée la Petite Herbage du contient de trente vergées, labourable, jouxte du levant Jean Le Flambe, du mydy le sʳ de Thibouteaux, la Grande Herbage, et du couchant le clos du Bisson et le Secqueret, et du septentrion le cy devant seigneur de Vasteville.

Une pièce de terre labourable nommée la Pointe du contient de

sept vergées, jouxte et butte du levant la Grande Herbage, du
midy le chemin de l'Eglise de Vasteville à la mer, du couchant et
septentrion le grand clos du Bisson.

Une pièce de terre nommée le clos de la porte de haut du
contient de quarante vergées, jouxte du levant la rüe allant de
l'Eglise de Heauville à celle de Vasteville, du midy le clos de la
porte de bas, du couchant la Couture de haut et du septentrion la
rüe de Vasteville à la mer.

Une pièce de terre labourable nommée le clos de la porte de
bas du contient de vingt cinq vergées, jouxte et butte du levant la
rue de l'Eglise allant à la mer ainsy que du midy, et du couchant
la Couture de bas, du septentrion le clos de la porte de haut.

Une pièce de terre nommée la Couture de haut nature labourable, du contient de trente vergées, jouxte du levant le clos de la
porte de haut, du midy la Couture de Bas, du couchant Loüis
Tesson et du septentrion la rüe de l'Eglise de Vasteville allant à la
mer.

Une pièce de terre labourable du contient de quinze vergées
nommée la Couture de Bas, jouxte du levant le clos de la porte de
bas, du midy la rüe allant de l'Eglise de Heauville à la mer, du
couchant le s^r de Tibouteaux et Loüis Tesson, et du septentrion la
Couture de Haut.

Un tenement de terre nommé le clos du Bisson et le Secqueret
du contient de trente cinq vergées ou viron, jouxte et butte du
levant la Petite Herbage, du midy la grande Herbage et la Pointe
et le chemin de l'Eglise de Vasteville à la mer, du couchant Loüis
Tesson et de septentrion le cy-devant seigneur de Vasteville.

Une pièce de terre en landage et nature de landage nommée le
Petit Catillon du contient de cinquante vergées, jouxte et butte
du levant la rue du Rideret et Thomas Le Contour, du midy le
s^r du Moncel d'Etoupeville, du couchant la lande de Heauville et
du septentrion Jacques Le Vastiney et les s^rs Le Barbanchon.

Une pièce de terre nature de lande nommée le Grand Catillon,
du contient de cent cinquante vergées ou viron divisée par quelques mauvais fossés, jouxte du levant le s^r Bonnissent, du midy la
rue du Rideret, du couchant la rue des Catillons et du septentrion
les nommés Fleury et Vaudupuis.

Ledit prieuré et terres en dependantes cy dessus designées mis
à prix de premierre enchere par le s^r Philippe à cinquante

huit mille livres, et après six adjudications provisoires couvertes successivement, pendant les feux suivans et le dernier feu allumé et eteint sans que personne ait voulu surencherir, nous du consentement du Procureur Sindic, avons deffinitivement ajugé ledit prieuré et terres en dependantes à charge d'entretenir le bail du fermier au sr Jean Baptiste Edmond Viel de Cherbourg au prix de soixante onze mille livres, ce qu'il a signé avec nous après lecture faitte en l'absence des commissaires de la municipalité d'Héauville.

J. B. Viel, Avoine, Auvray, Lechevalier.

Enregistré à Cherbourg le deux mars 1791.
Fo 170 ro case 1. Reçu quinze sous.

Sennegon (1). »

Ce fut la fin du prieuré d'Héauville comme maison religieuse. Il était laïcisé!!... Et la Révolution continua son œuvre. Ainsi que l'ouragan brise les arbres des forêts, elle continua de briser un à un tous les liens extérieurs qui attachaient la France à Dieu et « sous la Convention et le Directoire, l'on revit, comme le dit si « excellemment Taine (2), l'homme se refaire païen, comme au « premier siècle, du même coup, il se retrouvait tel qu'au temps « d'Auguste et de Tibère, c'est-à-dire, voluptueux et dur : il « abusait des autres et de lui-même; l'égoïsme brutal ou calcula- « teur avait repris l'ascendant, la cruauté et la sensibilité « s'étalaient, la société devenait un coupe-gorge et un mauvais « lieu... on put alors évaluer l'apport du christianisme dans nos « sociétés modernes, ce qu'il y introduit de pudeur, de douceur et « d'humanité, ce qu'il y maintient d'honnèteté, de bonne foi et « de justice. »

On le comprit vite en ce temps-là! on sentit promptement l'impérieuse nécessité de relever ce qu'avait abattu l'orage et alors que, le plus souvent fauchés par la guillotine, la plupart de ceux qui l'avaient déchaîné se furent couchés dans la tombe, la croix reparut, la religion refleurit en France!

Stat crux dum volvitur orbis!
Aujourd'hui et demain comme hier!

(1) Extrait du plumitif de la vente des biens nationaux du district de Cherbourg par M. Dolbet, archiviste de la Manche, le 11 novembre 1898.
(2) *Reconstitution de l'Église en 1800.*

APPENDICE

VISITES ARCHIDIACONALES A HÉAUVILLE

*Résumé fait par M. Leroux, vicaire général, archidiacre
de Coutances*

I. — Visite archid. le 16 Juillet 1679, faite par M. J.-B. Hache
de la Mothe, chanoine de Coutances, Archidiacre de Cotentin, en
presence de Mes Robert Leconte, curé; Jacques Lemasson, prêtre;
Nicolas Bonamy, prêtre; Joachim le Briseur, clerc; Robert Le
Briseur, trésorier.

Le Sr Curé déclare que les paroissiens ont satisfait au devoir
pascal, et qu'il ne connait rien qui mérite advertir justice. —
L'Archidiacre enjoint aux Trésoriers de rendre leurs comptes
pour St Michel prochain, faute de quoy le Sr Curé sera tenu de
faire exécuter les Statuts Synodaux sur ce regard. — Me Nic. Bonamy
est élu obitier. — Le Sr Curé avance 3 livres pour le nouveau
Rituel.

II. — Visite Archidiaconale faite le 6 Août 1690 par M. Blouet
de Camilly, Archidiacre du Cotentin, vicaire général.

Présents : Vénérable et discrète personne Me Jacques Bonamy,
curé; — Mes Nicolas Messent et Nicolas Bonamy, prêtres, — André
Le Franc, prêtre.

L'Archidiacre trouve le cimetière en bonne reparation et défend
d'y mettre du bétail; — l'eglise fort bien raccommodée; — la
contretable de la chapelle de la Ste Trinité manquant d'un
tableau, qu'il enjoint d'y placer. — Il ordonne de vuider les
deniers deûs pour les pauvres, et de les distribuer suivant les
contrats; d'accomoder les cloches de telle sorte que l'on sonne
exactement tous les sons nécessaires pour advertir du service;
d'advertir plusieurs personnes qui n'ont pas fait leurs Pâques,
Jean Racine en retard 10 à 12 ans, Robert Le Carpentier et autres
de les faire au plus tard au Jubilé, faute de quoy, ils seront
nommés et admonestés publiquement au prône par 3 dimanches
consécutifs, et au regard de Racine, sera dénommé excommunié.

III. — Visite faite le 15 Juillet 1702 par M. Blouet de Camilly.
Me Jacq Bonamy, curé.

Le cimetière a besoin de barrières et d'échaliers; l'Archidiacre défend d'y laisser entrer des bestiaux. — L'église est en bon état; il est besoin d'un tableau dans la chapelle de M. de Bricquebosc. — L'Archidiacre approuve les comptes; et pour les debtes de tout le temps passé, il enjoint qu'il soit fait un arrêté de compte avec les redevables par les Srs Curé, Syndic et trésorier, sur quoy sera délibéré par les paroissiens. — Thomas Symon est nommé trésorier. — L'Archidiacre ordonne d'exécuter ses ordonnances touchant les catéchismes, les processions (garçons au dessous de vingt ans entre la bannière et le clergé, les hommes au dessus de cet âge après le clergé, les femmes et filles ensuite), les petits enfants qu'il ne faut pas apporter à l'église trop jeunes, les causeries et proclamations défendues aux portes de l'église, et les sonneries des cloches.

IV. — Visite, le 27 Juillet 1702 par M. Blouet de Camilly.

Mes Jacq. Bonamy, curé; Nicolas Bonamy, prêtre; Th. Simon, trésorier.

Cimetière a besoin d'une barrière; — église en bon état, excepté le tableau qui est dans une chapelle. — L'Archidiacre enjoint, relativement aux comptes, d'exécuter ses ordonnances précédentes; d'avertir Jacques Leconte et Thomas Leconte de satisfaire au devoir pascal, sous peine d'être nommés et admonestés publiquement au prône, s'ils n'ont pas rempli ce devoir dans le mois.

V. — Visite faite le 31 Août 1705 par M. Fr. Bazire, prêtre gradué en la Faculté de Paris, doyen de la Hague, curé de Naqueville, suivant commission de M. Blouet de Camilly, archidiacre.

Mes J. Bonamy, curé; Nicolas Bonamy et Jean Lemasson, prêtres; Jean Messent, trésorier.

Le visiteur ordonne qu'il soit fait un échalier ou mis une grille à la porte du commun entretien (?) qui est entre le cimetière et la cour du Prieuré, et ce dans un mois, faute de quoy le visiteur le déclare interdit, atendu que le cimetière est prophané par la dite porte; — de poursuivre les instances pendant à Valongues par les Srs Curé et Martin prêtre, qui ont été commencées par Nicolas Bonamy, prêtre, et qui ne peut plus les poursuivre, faute desquelles poursuites les Srs Curé, Bonamy et Martin sont rendus responsables. — Ont été dénoncés n'avoir pas rempli le devoir pascal Jacques Le Compte, Pierre....., depuis plusieurs années, et quelques autres pour cette année, le visiteur leur ordonne de satisfaire dans la Tousaint, faute de quoy seront dénoncés au prône de la messe paroissiale. — Il ordonne de rendre dans Noël prochain, les comptes en retard sous la peine portée par les Statuts : et en cas d'opiniatreté, le dᵗ temps passé, il condamne chacun des comptables à six escus d'amende applicables conformément à la Déclaration du Roy de 1695. — Seront exécutées les ordonnances touchant les catéchismes, la lecture d'un chapitre des Statuts au prône une fois le mois, les petits enfants, etc.

VI. — Visite le 30 Août 1707, par M. Bazire, presence de Mᵉˢ Jacq. Bonamy, curé et Nic. Bonamy prêtre.

Le visiteur trouve le cimetière en bonne reparation ; il ordonne que M. le Prieur soit adverty de faire boucher quelques brèches devant son jardin et d'avoir la bonté de fournir un tableau dans la chapelle de la Trinité, comme il a promis à M. de Bricqueboc. — Il trouve la nef en bon état et les bancs bien rangés, et l'allée du milieu bien pavée, où il défend de faire aucune inhumation. — Il enjoint de faire payer les cent livres donnés par M. de Théville aux pauvres de la paroisse ; il nomme pour trésorier Jean Racine et ordonne aux Trésoriers de faire rendre compte chacun à ses prédécesseurs.

Le visiteur prescrit au Sʳ Curé de faire une délibération des paroissiens, pour faire payer les rentes dûes au Trésor. — Il défend à toute personne de causer dans le portail et dans l'église, et de sonner les cloches que par l'ordre du coutour dans les heures réglées par les Statuts. — Il défend au paroissiens qui ont des enfants de les amener dans l'église, s'ils ne sont sages et modestes, et il enjoint qu'aux processions les garçons audessous de 20 ans iront devant le clergé, les hommes après, les femmes et filles ensuite.

Quelques-uns ont été dénoncés au visiteur n'avoir pas rempli le devoir pascal ; ils seront advertys d'y satisfaire dans la fête de Tous les Saints prochaine, faute de quoy, ils seront dénoncés au Sʳ Promoteur.

VII. — Visite le 22 Juillet 1708, par Mᵉ Pierre Frollant, curé de Morville, docteur en Théologie, commis par le Sʳ Archidiacre.

Mᵉˢ Jacq. Bonamy, curé, Nicolas Bonamy, prêtre.

Le visiteur trouve le cimetière en bonne reparation; tout le corps de l'église assez bien entretenu; le chœur et les chapelles en état décent; l'allée du milieu bien pavée; les vases sacrés très propres, les ornements passables, les livres de chant également. — La chapelle de la T. S. Trinité appartenant à M. de Bricqueboc aurait besoin d'un tableau qu'il a promis de donner pour sa décoration; le visiteur prie le S' curé de lui rappeler sa promesse de sa part. — Il défend d'inhumer dans l'allée du milieu de la nef. — Il enjoint à ceux qui n'ont pas rempli le devoir pascal d'y satisfaire à l'Assomption, faute de quoi ils pourront être dénoncés nommément au prône et en cas d'opiniatreté au S' Promoteur pour être poursuivis suivant la rigueur des S¹ˢ Canons.

VIII. — Visite archidiaconale faite le 20 Juillet 1714 par M. Jullien de Lailher, Docteur de Sorbonne, official de Valognes, Archidiacre de Cotentin.

Discrète personne Mᵉ Jacq. Bonamy, curé, — Mᵉ Martin Bonamy prêtre, — M. Jacq. Leconte, trésorier, — Ch. Racine, custos.

L'Archidiacre trouve cimetière bien fermé, le corps de l'église en assez bon ordre, la chapelle de la Sᵗᵉ Trinité assez bien couverte depuis peu. — Il enjoint au Trésorier de faire faire des confessionnaux et de réparer la couverture de la nef avant l'hyver. — Le S' Curé ayant déclaré qu'il y a eu trois ou quatre comptes qui ont été rendus, mais qu'il en reste encore 7 ou 8 à rendre, l'Archidiacre enjoint au Trésorier de les faire rendre pour pourvoir aux besoins de l'église. — Jacques Leconte a nommé pour son successeur Michel Pasquier, qui prendra gestion à S' Michel prochain. — Le curé ayant déclaré que 4 ou 5 personnes n'avaient pas satisfait à Pâques, l'Archidiacre leur enjoint de s'y préparer au plus tard pour la fête de Tous les Saints, et il engage le S' Curé à les voir de sa part et à les exhorter à faire leur devoir, faute de quoy, il serait obligé d'agir contre eux par les voyes canoniques jusqu'à l'excommunication, si le cas y échet. — Cette ordonnance sera lue au prône.

IX. — Visite archid. par M. J. de Laillier, le 1ᵉʳ Août 1716.

Mᵉˢ Jacq. Bonamy, curé, — Martin Bonamy, prêtre, — Jacques Launey, trésorier, — Ch. Racine, custos.

L'Archidiacre constate que le cimetière est en bonne réparation, le chœur de l'église assez propre, les ornements propres, que les catéchismes et la lecture des Statuts se font régulièrement. — Il trouve que la nef aurait besoin d'être reblanchie et qu'il serait à souhaiter qu'on y fît des jours, afin que les peuples puissent s'entretenir dans la lecture et chanter le service conjointement avec les ecclésiastiques. — Il enjoint au Trésorier de faire mettre une couverture aux fonts basptimaux afin de conserver les vases sacrés avec décence. — Jacques Launay trésorier a nommé pour lui succéder Me Jean Simon, syndic de la paroisse qui fera rendre 10 ou 12 comptes dûs à l'église. — Deux ou trois personnes n'ayant pas satisfait au devoir pascal, il leur est enjoint de s'en acquitter au plus tard dans la fête de Tous les Saints.

L'Archidiacre prescrit de lire ses ordonnances au prône.

X. — Visite archid. le 16 juillet 1718, par M. de Laillier.

Mes Jacq. Bonamy, curé, Martin Bonamy prêtre, Fr. Durevie trésorier, Ch. Racine custos.

Cimetière et chœur de l'église en bonne réparation. — l'Archidiacre désire qu'on fasse des jours à la nef, qui est très obscure : — il n'y a pas de confessionnal; il ordonne d'en faire un incessamment ou de faire mettre des treillis sur les chaises qui servent de confessionnal afin que le Sacrement de pénitence soit administré avec décence; — il ordonne de faire rendre 12 ou 13 comptes en retard, et d'assembler les paroissiens pour faire payer les rentes dues. — Sept ou huit personnes n'ayant pas satisfait au devoir pascal, deux ou trois depuis plusieurs années au dire du Sr Curé, l'Archidiacre leur enjoint de s'en acquitter au moins pour la fête de Tous les Saints, et en cas de désobéissance, ils seront assignés à la requête du Sr Promoteur, pour agir contre eux par les voies canoniques jusqu'à excommunication, si le cas y échoit. — Les mères et nourrices apportent à l'église les enfants qui pleurent et troublent l'office, il leur fait défense de continuer jusqu'à ce qu'ils puissent y assister avec modestie et silence. — Catéchismes et instructions se font régulièrement.

XI. — Visite faite le 31 Juillet 1720, par M. Jullien de Lalllier.

Clergé, comme en 1718; — Marin Lemasson, trésorier, — Ch. Racine custos.

Cimetière bien fermé; — corps de l'église bien entretenu et décoré. — L'Archidiacre avertit le Sr Curé de ne pas dire la messe à certains autels dont les pierres sacrées sont trop étroites pour la consécration. — Ne trouvant aucun confessionnal, il enjoint au Trésorier d'en faire un aux frais du Trésor, et de faire rendre les

12

comptes en retard, et il défend aux confesseurs de recevoir les
redevables des d^{ts} comptes aux Sacrements d'Eucharistie et
de pénitence qu'ils n'aient au moins présenté les comptes de ce
qu'ils ont reçu et afin que les d^{ts} comptes puissent servir à la
reconnaissance des rentes. il ordonne qu'ils soient examinés sur
les contrats et charges ci-devant baillées des rentes de l'église. —
Marin Lemasson trésorier est continué et autorisé à faire rendre
les comptes à la jonction du Sr Curé et principaux paroissiens. —
Le Sr Curé déclare que les catéchismes et instructions se font régulièrement et que presque tous les paroissiens ont satisfait au devoir
pascal.

XII. — Visite le 17 Juillet 1721, par M. de Laillier. — Clergé
comme en 1718; Marin Lemasson trésorier; — Jean Lemarois,
custos.

Cimetière assez bien fermé; — église et chapelles assez propres;
— il est est désirable d'ouvrir des fenêtres dans la nef qui est obscure. — L'Archidiacre rappelle qu'il a recommandé au Sr Curé et
paroissiens, depuis longtemps, de faire un confessionnal. Le
Sr Curé dit qu'il y a plus de 15 comptes à rendre à l'église; l'Archidiacre condamne les débiteurs de ces comptes à 6 livres
d'amende conformément à la déclaration du Roy de 1695, et il
défend aux confesseurs de les recevoir s'ils ne sont disposés à les
rendre; et à 2 ou 3 personnes qui n'ont pas satisfait au devoir
pascal, il enjoint d'y satisfaire dans les fêtes prochaines et au plus
tard à la Toussaint, autrement il sera forcé d'agir contre eux par
les voies canoniques jusqu'à l'excommunication, si le cas y échoit.
— Catéchismes et instructions se font régulièrement. — Marin
Lemasson, trésorier, nomme pour lui succéder à St Michel prochain
Guill^e Langlois, qui aura soin de faire rendre les comptes à l'adjonction du Sr Curé.

XIII. — Visite le 1er Septembre 1722, par M. de Laillier.

Même clergé que ci-dessus. — Guill^e Langlois trésorier. —
J. Lemarois custos.

Cimetière et église en bon état. — L'Archidiacre ordonne de
faire relier les livres de chant. — Le Sr Curé dit que tous les
paroissiens se sont présentés pour le devoir pascal et qu'il n'y a
point de désordre dans la paroisse, ni de scandale, et que catéch.
et instructions se font conformément aux statuts. — G. Langlois

trésorier nomme pour lui succéder à St Michel Ch. Durvis qui
aura à faire rendre plus de 20 comptes.

XIV. — Visite le vendredi 3 Septembre 1723 par M. de Laillier.
Même clergé. — Ch. Durvis trésorier, Jean Lemarois custos.

L'Archidiacre enjoint au trésorier de faire élever la pierre de
l'autel de la Sto Trinité, qui est trop enfoncée, au Sr Curé de se
fournir ou faire fournir des livres de chant; et il défend aux
Srs Curé et Vicaire de confesser sans confessionnal conformément
aux Ordres du Seigneur évêque. Il enjoint à 14 ou 15 personnes en
retard de satisfaire au devoir pascal à la Toussaint ou à Noël au
plus tard. — Ch. Durvis s'est présenté et a nommé pour successeur
Pierre Adam qui fera rendre 21 comptes.

XV. — Visite faite le mardi 15 octobre 1726 par Me Antoine
Paté, curé de Cherbourg, Doyen de la Hague, par commission de
l'Archidiacre.

Discrète pers. Me Thomas Marion, curé, — Me Martin Bonamy
prêtre, — Pierre Dumoncel, trésorier; — Jacques Allain, custos.

Le cimetière est en bon état; — les vitres de l'église ont été
cassées et emportées par la tempête, on se dispose à les réparer; —
les bancs de la nef sont presque aussi mal que l'an passé, le visiteur enjoint à ceux qui y sont obligés de droit de les mettre en
ordre et de les enfoncer pour empescher l'église d'être gastée par
la poussière. — Les confessionnaux sont sans treillis, le Sr Curé
promet d'en faire mettre. — Les fonts baptismaux n'ont pas de
couverture à clef, le visiteur enjoint au Trésorier de faire cette
réparation incessamment, et aussi à 7 ou 8 paroissiens en retard de
satisfaire au devoir pascal à Toussaint ou à Noël au plus tard.

Pierre Dumoncel, de l'avis de l'assemblée, a été continué pour
trésorier et fera rendre 23 ou 24 comptes : comme Jacques Lar-
cher avait promis son adjonction pour les faire rendre et qu'il n'en
a rien fait, le visiteur prie le Sr Curé de donner ses soins pour
cette bonne œuvre, ce qu'il a accepté volontiers, et il l'a
autorisé à demander en cas de besoin l'adjonction du Procureur
du Roy.

Me Paté trouve le tableau de l'autel du Rosaire fort gasté, il
exhorte d'y apporter remède, s'il se peut. — On lui a dit que les
catéchismes et instructions se font conformément aux Statuts du
diocèse, dont on fera lecture au prône de temps en temps.

XVI. — Visite faite le 27 Juin 1729 par Me de Moutaing, licencié aux droits, curé de Bricquebec, Archidiacre du Cotentin, vicaire général.

Me Thomas Amand Marion, curé; — Thomas Messent, trésorier.

Cimetière, chœur en fort bonne réparation; — contretable décente, avec linge et ornements bien tenus. — Thomas Messent dit qu'il y a encore 14 à 16 comptes à rendre, presque affinés par le Sr Curé et principaux paroissiens; le Sr Curé promet qu'ils seront présentés l'an prochain. — Le trésorier a nommé Toussaint Leflambe pour lui succéder. — Catéchismes et instructions sont réguliers. — Jean Langlois est nommé custos. — Le Sr Curé dit que malgré ses remontrances et exhortations, il y a 14 ou 15 personnes qui n'ont pas satisfait au devoir pascal; l'Archidiacre leur accorde jusqu'à la fête de Tous les Saints, lequel délai passé, il sera contraint d'user des voies prescrites par les Sts Canons pour les obliger à satisfaire.

XVII. — Visite Archid. le 12 Juillet 1730 par M. de Moutaing.

Me Thomas Armand Marion, curé, — Toussaint Le Flambe, trésorier.

Cimetière, nef, chœur et contretable en bon état. — T. Le Flambe, trésorier, a remis 4 comptes en bonne forme, que l'Archidiacre arrête conformément aux Déclarations de Sa Majesté, pour les originaux être mis dans le coffre des Archives. — Jean Bonami a été nommé trésorier aux charges de droit, parcequ'il procèdera à la reddition des autres comptes. — Le Sr Curé dit qu'il y a 7 ou 8 personnes qui n'ont pas rempli le devoir pascal, auxquelles l'archidiacre enjoint de s'y disposer pour la Toussaint, passé lequel temps il sera contraint d'en venir aux voies de rigueur prescrites par les Canons et Statuts du diocèse. — Catéchismes et prônes réguliers.

XVIII. — Visite par M. de Moutaing, le 5 Juin 1732, Me Marion, curé.

Cimetière et église en bon état. — L'Archidiacre arrête le compte de 1730 présenté par Jean Bonamy en bonne forme. — Guille Durvie, fils André est nommé trésorier. — Le Curé se dit peu satisfait de quelques paroissiens au sujet du devoir pascal; l'Archidiacre leur accorde le délai de la Toussaint, passé lequel temps, etc. — Catéchismes réguliers.

XIX. — Visite par M. de Moutaing, le 30 Mai 1733.

Le cimetière est en très mauvais ordre pour les murs et les

échaliers. L'Archidiacre enjoint au Trésorier de veiller à cette
reparation. — Nef, chœur, contretable, ornements décemment
tenus. — Le Sr Durvis, trésorier, ayant fait diligence contre ses
prédécesseurs pour la reddition des comptes nomme à l'Archidiacre pour successeur Pierre Le Carpentier, boulanger, à qui le
Sr Curé veut bien prêter son adjuvation. — Le Sr Curé espère que
quelques personnes d'Iliauville (comme l'écrit le S^r greffier de
l'Archidiacre) en retard du devoir pascal, y satisferont sous peu
grâce à ses bonnes remontrances et avec l'aide de Dieu. — Catéchismes, prônes et autres instructions régulièrement faits.

En 1734, Me Pierre Simon, acolyte de Héauville, ayant dessein
de se presenter à l'ordination du sous diaconat, Jean Simon, son
père, lui constitue une rente de 100 livres pour lui servir de titre
clérical.

XX. — Visite archid. faite le 7 Juin 1737 par Me J.-B. Joseph
Fouques, Bachelier de Sorbonne, et curé de Ste Croix, par commission de l'Archidiacre.

Me Thomas Amand Marion, curé. — Cimetière, nef et chœur en
fort bon état. — Jean Simon trésorier ne se trouvant pas à la
visite, le Sr Curé dit qu'un seul compte reste à rendre, qui sera
en état à la prochaine visite, et il espère que Dieu aidant quelques
paroissiens en retard du devoir pascal rentreront dans la voie du
salut. — Est arrivé le Trésorier qui a consenti à continuer la
gestion. — Enfin le S^r visiteur remarquant que les fonts ont
besoin d'une couverture dit au Trésorier d'y pourvoir.

XXI. — Visite du 29 Mai 1738 par M. de Moutaing.

M^{es} Th. Marion, curé, Pierre Simon, prêtre, Jean Simon
trésorier.

Cimetière et toute l'église en bon état. — Le trésorier dit qu'il
n'y a plus que deux comptes à rendre qui seront présentés à la
prochaine visite. — Il a nommé pour son successeur Robert Le
Briseur. — Le Curé se dit assez satisfait des paroissiens pour le
devoir pascal et que catéchismes et instructions sont faits conformément aux Statuts.

XXII. — Visite du 16 Juin 1739 par M. de Moutaing, Archidiacre.

Mes Thom. Am. Marion, curé. — Eglise en bon état. — Robert
Lebriseur dit qu'il reste 2 comptes à rendre, lesquels seront en
état d'être présentés à la prochaine visite; il nomme pour lui
succéder Guille Postel. — Le Sr Simon prêtre dit qu'il y a encore

quelques paroissiens qui n'ont pas satisfait mais qu'on espère qu'ils satisferont en peu.

XXIII. — Visite du 12 May 1740 par M. de Montaing. — M⁰ Th. Am. Marion, curé.

Le cimetière est bien fermé, la nef en bon état et bien éclairée par deux grandes croisées au lieu de deux petites qui y étaient auparavant. — Chœur et contretables décemment tenus. — Guill⁰ Postel trésorier a présenté 5 comptes y compris 1738, que l'Archidiacre a arrêtés, et il a nommé pour lui succéder Jean Durvie. — L'Archid. exhorte quelques paroissiens à s'acquitter du devoir pascal. — Catéchismes et instructions réguliers.

Nous manquons de documents relativement à Héauville pour une période de treize années, de 1740 à 1753. C'est pendant le cours de cette période que M⁰ Thomas-Amand Marion cessa d'être curé d'Héauville. La visite qui eut lieu en 1753 nous présente M⁰ Alexandre Baudain comme étant alors curé de cette paroisse. Nous ne savons s'il fut le successeur immédiat de M⁰ Marion.

XXIV. — Visite archidiaconale faite le 1ᵉʳ Août 1753 par M. Jacques Le Febvre du Quesnoy, Docteur de Sorbonne, Abbé commandataire de Saint-Sauveur-le-Vicomte, vicaire général de l'Evêque de Coutances, Archidiacre du Cotentin.

M⁰ˢ Alexandre Baudain, curé, Pierre Simon, prêtre, Simon Le Carpentier, trésorier, Urbain Voisin, custos.

Le Sʳ Archidiacre trouva le cimetière en bon état; il enjoint de faire vider des herbes et des ronces un fossé, creusé autour de l'église au septentrion pour ôter l'humidité et qui s'est rempli, afin de donner écoulement aux eaux. — La couverture de l'église est en bon état et l'on vient de réparer celle de la chapelle de Sᵗ Martin. — Il ordonne de réparer les bancelles de la nef, d'ici la prochaine visite, faute de quoi la nef sera interdite; d'exécuter sa dernière ordonnance relativement à un panneau de la chapelle du Rosaire, et à la vitre opposée attenant à la petite porte de la nef; de travailler à la voûte de la chapelle de Sᵗᵉ Trinité qui menace ruine, et de mettre en bois celle de la chapelle Sᵗ Martin. — Les fonts baptismaux, les vases sacrés, les Registres sont en bon état, les catéchismes régulièremant faits. — A ceux qui n'ont pas satisfait au devoir pascal, l'Archidiacre prescrit de s'y disposer au plus tôt. — On lui assure qu'on a fait l'inventaire des titres du Trésor et que les rentes sont reconnues; on lui présente le compte de Jean Dubuisson, trésorier en 1750, vu par le curé et le général des paroissiens et il le signe. — Le Carpentier nomme pour lui succéder Robert Marvie. — On l'assure que on lit exactement l'Edit de Henri II relatif aux personnes du sexe. — Les ampoules ont été renouvelées — Il n'y a point d'école fondée; il s'en tient une de charité.

XXV. — Visite archidiaconale faite le lundy 14 septembre 1761. par Me Jean Fr. Guy de Hennot de Théville, Docteur de Sorbonne. vicaire général de Mgr du Quesnoy, chanoine de l'église de Coutances, Archidiacre du Cotentin.

Mes Alex. Baudin, curé; Pierre Simon, prêtre; Fr. Simon, trésorier; Urbain Voisin, custos.

Le Archidiacre constate que le cimetière est bien conservé, qu'il est absolument nécessaire de réparer le portail, d'enlever les lierres qui sont tout au tour de la nef et du chœur, gâtent les murs et la couverture, de raccommoder et peindre la contretable de la chapelle à gauche dont la voûte menace de tomber, et d'y mettre un tableau afin qu'on en puisse lever l'interdit. — Le surplus est en règle. — Tous les paroissiens ont satisfait au devoir pascal ou se sont présentés; — Les instructions se font exactement. — On travaille à faire un Inventaire et pour la suite le Trésorier emploiera dans sa recette les revenus des fondations avec ceux du Trésor. — L'Archidiacre enjoint à ceux qui n'ont pas rendu leur compte de les représenter à la prochaine visite, sous les peines portées par l'Edit de 1695, affinés du Sr Curé et du général pour être vus et approuvés par l'Archidiacre. — On a élu pour trésorier Ch. Bonamy.

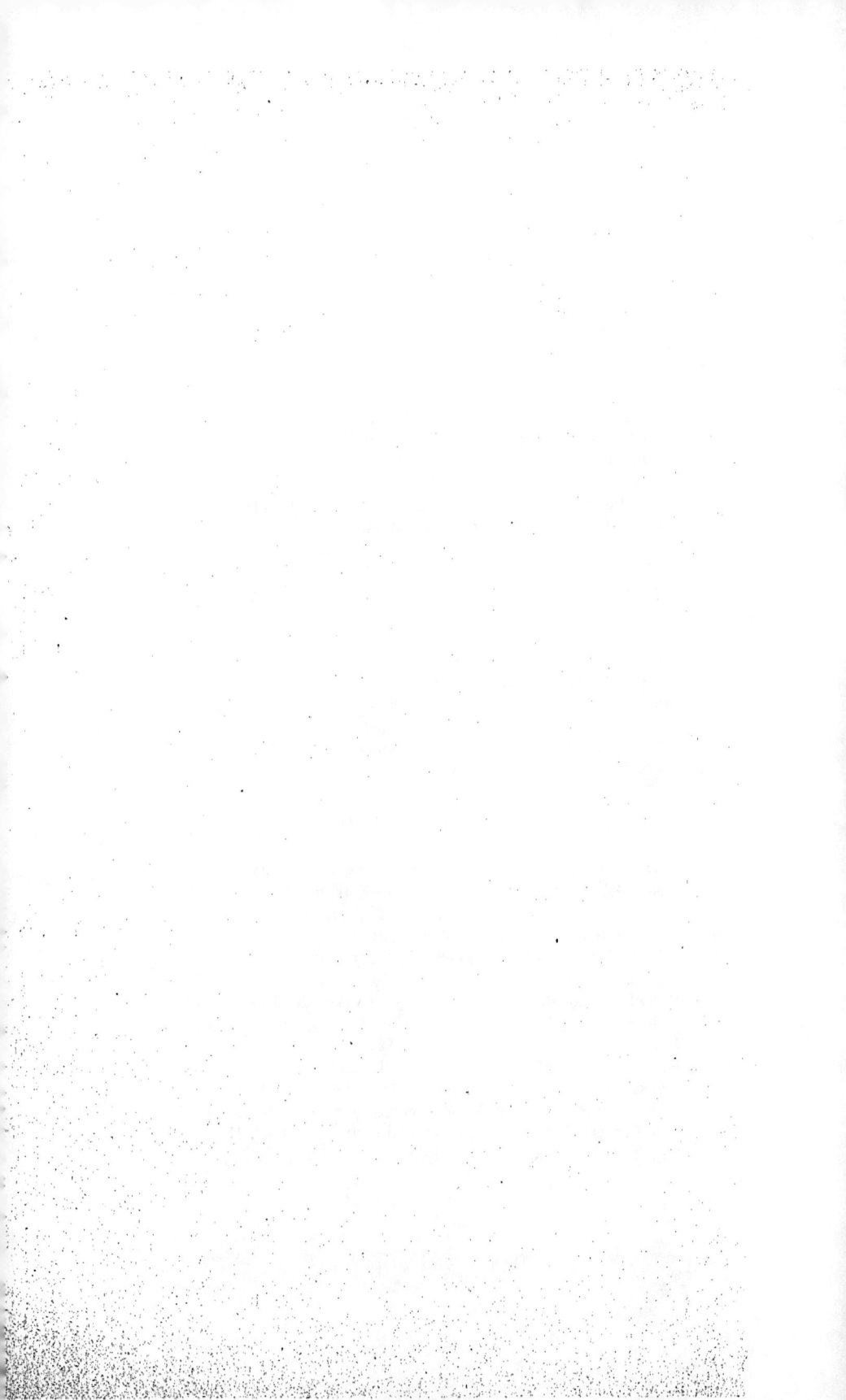

TABLE

TROISIÈME PARTIE

Evreux. — Imp. de l'Eure, L. ODIEUVRE, 4 bis, rue du Meilet.

www.ingramcontent.com/pod-product-compliance
Lightning Source LLC
Chambersburg PA
CBHW050017100426
42739CB00011B/2687